U0875991

蔡 襄

（1012–1067）

“福建历史文化名人丛书”编委会

主　任：冯潮华

副主任：缪建萍

委　员：缪旭明　杨文飞　林彤　李培娟

主　编：缪建萍

总策划：缪建萍

福建历史文化名人丛书

福建省社会科学界联合会 编

蔡襄

经邦济众的一代贤臣

蔡金发 编著

海峡出版发行集团 THE STRAITS PUBLISHING & DISTRIBUTING GROUP | 福建人民出版社 FUJIAN PEOPLE'S PUBLISHING HOUSE

图书在版编目（CIP）数据

蔡襄：经邦济众的一代贤臣/蔡金发编著.
—福州：福建人民出版社，2017.2
（福建历史文化名人丛书）
ISBN 978-7-211-07343-6

Ⅰ.①蔡… Ⅱ.①蔡… Ⅲ.①蔡襄（1012-1067）
—生平事迹 Ⅳ.①K827=441

中国版本图书馆CIP数据核字(2016)第304867号

蔡襄
CAIXIANG
——经邦济众的一代贤臣

作　　者：蔡金发
责任编辑：何水儿
出版发行：海峡出版发行集团
福建人民出版社　　**电　　话**：0591-87533169(发行部)
网　　址：http://www.fjpph.com　　**电子邮箱**：fjpph7211@126.com
地　　址：福州市东水路76号　　**邮　　编**：350001
经　　销：福建新华发行（集团）有限责任公司
印　　刷：福州凯达印务有限公司
地　　址：福州市金山红江路2号浦上工业园B区47号楼　　**邮　　编**：350008
开　　本：700毫米×1000毫米　1/16
印　　张：9
字　　数：98千字
版　　次：2017年2月第1版　　2017年2月第1次印刷
书　　号：ISBN 978-7-211-07343-6
定　　价：25.00元

本书如有印装质量问题，影响阅读，请直接向承印厂调换。
版权所有，翻印必究

总序

李红

社会科学承载着“认识世界、传承文明、创新理论、咨政育人、服务社会”的重要功能，是人类赖以传承的精神支柱。近年来，福建省各级各部门认真贯彻《福建省社会科学普及条例》，社会科学普及工作扎实开展、稳步推进，通过举办全省社科普及宣传周、建立社科普及基地、开办社科普及讲坛等社科普及咨询平台载体，其制度化、常态化、大众化工作取得了明显成效。

习近平总书记指出，文化是民族生存和发展的重要力量，中华优秀传统文化已经成为中华民族的基因，植根在中国人内心，潜移默化地影响着中国人的思想方式和行为方式。福建文化是中华文化中极富特色的一部分，深度融入了中国文化的进程，展现出突破陈规、积极进取、兼容并包、锐意创新的胸襟和气魄。向大众普及优秀的区域文化及本土资源，是福建省社科普及工作的重要内容。以接福建地气、讲福建故事、塑福建形象、续福建文脉的姿态编辑出版的“福建历史文化名人丛书”，既较为全面地展示了福建文化深厚的历史底蕴和丰富的人文精神，也为福建当下的社会文化建设提供了有益的资鉴。“福建历史文化名人丛书”所包含的朱熹、林则徐、严复、陈嘉庚等人物传记，记录了福建文化之于中国历史的影响，同时也以人物史的叙述方式生动地展现出中国人文精神的风骨和传统文化的传承。

今天，我们提倡和弘扬社会主义核心价值观，必须从中华优秀传统文化中汲取丰富营养，否则就会缺乏生命力和影响力。“福建历史文化名人丛书”记录了福建历史文化人物的价值践行轨迹，重温了这批福建历史文化乃至中国历史文化史上重要人物的生命历程，以明白晓畅、通俗易懂的叙述方式讲述了中华优秀传统文化传承的当代意义，开辟了社会科学知识进入千家万户的新路子。

“最忆市桥灯火静，巷南巷北读书声。”一套好的社会科学普及丛书，总是能带动起读书的风气。将学习作为一种追求、爱好和健康的生活方式，也是“福建历史文化名人丛书”所期望实现的目标。在文字中领略福建地域文化魅力，在阅读中传承传统文化养分，在感悟中提升人文道德情操，社会科学普及丛书的出版，可谓正当其时。

作者系福建省政协副主席

目　录

前言

做一个清官容易，做一个好官难。好官不仅自己要清正，为朝廷排忧，更要为百姓讲话做事，造福于民。蔡襄就是这样的一个人。他的一生概括起来就是两个字——“忠惠”。“忠惠”既是蔡襄的谥号，也是本书的主题。千百年来，知道蔡襄其人的后人，都敬重蔡襄、缅怀蔡襄、赞誉蔡襄。究其原因，就在于蔡襄的人品、官德和学术造诣值得人们佩服和敬重。

蔡襄（1012—1067），字君谟，北宋大中祥符五年（1012年）二月十二日出生于福建省仙游县枫亭蕉溪的一个农民家庭。19岁中进士，20岁从政，历任漳州军事判官、西京留守推官、洛阳县令、秘书省著作佐郎、谏官、福州知府、福建路转运使、龙图阁直学士、开封府尹、泉州知府、翰林学士、三司使、端明殿学士、礼部侍郎、杭州知府等职。蔡襄最后一个任命是南京（即河南商丘）留守兼应天知府，但因母亲病故护柩回家守孝，未能到任。第二年蔡襄因积劳成疾，病逝在莆田故居。

蔡襄为人心正，光明磊落、信义照人；为官行正，清明廉洁、爱国惠民；为文笔正，秉笔直书、刚正不阿。他一身正气，两袖清风，满腹经纶。他心系天下之利弊，力挽狂澜，忠于职守，精于吏治，革弊兴利，鞠躬尽瘁，死而后已。蔡襄一生的所作所为，不但赢得了“北宋名臣”“北宋贤臣”“昭陵贤御史”的赞誉，而且还以主张改革的政治家、有着传世之作的思想家、

农艺家和书法家等诸多头衔而流芳百世。我国著名理学家朱熹称赞蔡襄："前无贬词，后无异议；芳名不朽，万古受知。"蔡襄自28岁步入京都官场，到56岁在家去世的28年间，官场生涯随着改革派的政治浮沉，而经历了"三上三下"的磨难。

三上开封做京官。历任谏官、知制诰、龙图阁直学士知开封府、翰林学士拜三司使等职，其特点就是尽心尽意、尽职尽责，"皆有能名"。三司使是蔡襄一生最高的官职，总管国家财政。

三下地方做知府。先后以右正言（谏官）知福州并转任福建转运使，以枢密直学士知泉州，以端明殿学士知杭州。在地方任职期间，蔡襄总是坚持以民为本，为官一任，造福一方，为当地百姓办了许多的好事和实事，深受百姓的欢迎和爱戴。欧阳修在《端明殿学士蔡公墓志铭》里说，闽人感念至深，或为蔡襄立生祠以供奉，或为蔡襄私刻石碑以纪念，不忘蔡襄的"德政"。

苏东坡对蔡襄"三上三下"的政绩给予了很高的评价。他把仁宗在位期间的臣僚分为大者、小者和长者三类，认为蔡襄属于"大者"。苏东坡说，蔡襄"光明俊伟、深厚雄杰"，他在朝廷为官时，深受仁宗的器重和垂爱；退居地方做州府时，总是严惩奸人，奖励良民，引导百姓致富。其丰功殊绩，彪炳后世。

然而，蔡襄忠君惠民，鞠躬尽瘁，却遭人陷害，积劳成疾，只活了56岁。欧阳修在其《祭蔡端明文》中大呼"不幸"，蔡襄的不幸不仅在于中年丧妻，晚年丧子，还在于他生前和死后蒙受了一段不白之冤，致使新帝即位，不赐蔡襄谥号。

神宗之所以不给蔡襄一个谥号，是因为他听信了一则关于蔡襄反对立他父亲英宗为皇子的传闻。事实上这是被蔡襄撤职为民的原晋江贪腐县令章拱之，伙同其同胞兄弟章望之，在京都编造并散布的一个大谣言。当时英宗信以为真，心有芥蒂，蔡襄被外放杭州任知州。可是事后不久，英宗似乎也觉察到蔡襄“之尽心，知小人之兴谤”。治平二年（1065年）十一月，南郊祀天大赦天下，大赏有功之臣。英宗也不忘蔡襄，赐给蔡襄护军勋号（从三品），食邑五百户。第二年又提前诏命蔡襄为南京留守兼应天知府。英宗能在短短一年时间里，对蔡襄又是授勋又是授职，器重有加，说明英宗此时对蔡襄已尽释前嫌。

莆田城南蔡襄第二故居忠惠祠

问题是英宗的儿子神宗不明白父亲的心意，不仅不赐谥号，还把标志蔡襄三品以上的“端明殿学士”和“护军勋号”等品级的官衔都摘去，只留下一个“吏部侍郎”的空头衔。人们常说生不逢时，而蔡襄则是死不逢时，要不是英宗英年早逝，哪怕能多活一年，蔡襄都不会遭此厄运。沉冤百年之后，南宋淳熙三年（1177年），蔡襄的裔孙、户部尚书蔡洸诉状，要求朝廷为其先祖蔡襄赐谥，遂赐予蔡襄“忠惠”谥号。此后在仙游蔡襄第一故居附近的枫亭铺头，重新修建蔡襄墓，厚葬蔡襄；在莆田城南，把蔡襄的第二故居，辟为“忠惠祠”，供后人瞻仰膜拜。

天中万寿塔

第一章

农家子举进士

谁种青松在塔西，塔高松矮不相齐。

时人莫道青松小，他日松高塔又低。

——蔡襄《青松颂》

蔡襄的同年进士、参知政事欧阳修说：“公年十八，以农家子举进士，为开封第一，名动京师。”在这里，笔者借欧阳修的这段评语，揭开本书的篇章。农家子举进士是本章的主题，记述蔡襄从接受启蒙教育到参加开封会试，从进士及第到江阴娶亲、荣归故里成家立业的故事，突出蔡襄少年立志、勤学苦练、自强不息、名列榜首的事迹及个性特征。

第一节　咏松立志

家世

蔡襄是蔡氏移居福建的第六代传人。他的先祖蔡用元偕同弟弟蔡用明及其家人，从浙江钱塘移居福建后定居仙游县赤湖蕉溪，是为莆田蔡氏始祖。蔡襄以上五代没有人做官，世代务农，只在蔡襄任上，才光宗耀祖。仁宗不仅封蔡襄母亲卢氏为长安郡太君、夫人葛氏为永嘉郡君，还追赠蔡襄父亲蔡琇为刑部侍郎、祖父蔡恭为工部员外郎。

蔡襄未出仕之前，家境窘贫。但俗话说得好：“寒门出贵子。”为什么？是因为寒门是一种生活条件，有什么样的生活环境和条件，就会产生什么样的思想意识。穷则思变，变成一种改变现状的动力，变成一种催人奋进的力量。这种激励机制一旦形成，就会潜移默化地影响整个家庭的生活方式和行为方式。“望子成龙”，自然要把希望寄托在培养自己孩子的身上。贫穷、简朴的生活，对孩子的成长是有好处的，有利于孩子养成自力更生、独立思考、吃苦耐劳、奋发图强的性格。

蔡襄的父亲蔡琇虽是个农民，但也略通文墨，是蔡襄的第一个启蒙老师。蔡襄曾经在祭拜父亲的祭文中写道："早闻义训，参处近联。"义训是指用普通的话语来解释深奥的古语或难懂的方言。这意思是说，我现在之所以能在皇帝身边做事，都是得益于父亲的早年教育啊。而母亲卢氏对蔡襄的成长影响则更大，因为卢氏出生于书香门第，性格和善，宽厚仁爱，知书识礼，有良好的家教，懂得如何教育孩子才是最好的。

学历

蔡襄幼年读书的伏虎岩书院

蔡襄的儿时是很幸运的，不仅有父母双亲的教诲，而且还得到外祖父的耳提面命。外祖父卢仁是个很有学问的儒生，学识渊博，多次参加进士考试，累举不中。后来家境逐渐不济，为了生计，他只好在老家惠安涂岭圭峰伏虎岩寺内设馆教书。蔡襄的母亲是个了不起的女人，不同于一般农妇，她十分重视幼儿教育。她在征得父亲卢仁的同意后，便和丈夫一起做出了一个不同凡响的决定：把年仅5岁的蔡襄和3岁的蔡高兄弟两人，寄托到惠安娘家，同年纪与蔡襄相仿的舅舅卢锡一起，到外公执教的伏虎岩寺读书，接受系统的启蒙教育。卢仁非常喜欢这两个外孙，既当老师又当保姆，祖孙欢愉地度过了三个年头。外公通经史，工古文，厌弃五代以来的腐朽文风，极力推崇唐代杰出文学家、思想家、哲学家韩愈，追求简朴、平实、明快的古朴之风，所有这些举止言行，都潜移默化地影响着幼小的蔡襄。

蔡襄少年读书的塔斗山会心书院

蔡襄8岁时与弟弟一起转学到本乡乡序（即乡村学堂）枫亭会心书院就读，算是幼儿启蒙毕业正式上小学。会心书院坐落在枫亭塔斗山东禅寺后面，蔡襄在会心书院读书时，就有了崇高的志向。他曾以书院旁边的松与塔为题，作《青松颂》表明心志。诗云："谁种青松在塔西，塔高松矮不相齐。时人莫道青松小，他日松高塔又低。"

巧遇县尉

蔡襄12岁那年，仙游县尉（主管军训和治安的官吏）凌景阳到枫亭办理公事，当他上塔斗山东禅寺进香时，听到寺后书声朗

塔斗山天中万寿塔

朗，遂在方丈的陪同下转到后山拾级而上，走进会心书院。他发现蔡襄兄弟俩眉清目秀、聪明伶俐、谦和可爱，有心帮拉一把，旋即通知其父母，将蔡襄兄弟两人，收入县学作正规培养。12岁结束乡级学业，进入县级学堂读了3年书。后又进入郡级学堂，读了3年有关科举的文献典籍，练习科举科目的“墨义”（就是围绕经义及注释所出的简单问答题）、“帖经”（有如现代试卷的填空与默写）和“诗赋”（就命题作一诗一赋）等应试科目。历经十年寒窗苦读，蔡襄终于取得了应试前的完整学历。

第二节　名动京师

徒步三千里

天圣七年（1029年）春夏间，蔡襄携幼弟蔡高徒步北上，参加三年一考的开封会试。宋朝的科举制度承袭并发展了唐制，首先是放宽对考生的限制，打破了“工商杂类”出身的士人不得报考的规定。其次是打破了考生所属乡土籍贯的限制，应试者“家不尚谱牒，身不重乡贯”，均可报考，特别是京师开封的府试，更是面向全国开放。蔡襄18岁时，正值三年一考的年头，他决定带着弟弟蔡高，直接去京师报考。

由于蔡襄家境贫寒，一无车马，二无脚夫，三无书童仆人，尚未成年的兄弟俩只得徒步前往京都开封参加州试。毫无疑问，蔡襄兄弟此番千里赴考，本身就是一场严峻的考验。完全靠自己手提肩挑着沉重的书籍考箱，步行三千里，餐风宿露，一出家门，就尝尽人间苦涩。蔡襄说："携幼弟徒步西上，艰难困厄。"这"艰难困厄"四个字，可想而知其中包含着多少辛酸苦辣。然而，他们内心却是充满喜悦的，对于自己的前途怀着美好的憧憬。

现今收在《蔡襄全集》里的蔡襄第一首诗作，就是这种心境的写照："白玉楼台第一天，琪花风静彩鸾眠。谁人得似秦王女，吹彻云箫上紫烟。"这首七言绝句《梦中作》，是他18岁时入京就进士举，路过安徽舒州相城时的作品。蔡襄借梦中所见景物写就这首诗，表达了对考取功名的向往与追求。

府试第一名

蔡襄兄弟徒步翻山越岭，不畏路途艰辛，终于如期抵达京都，顺利参加府试。

开封府试和郡州试一样，都是属于地方级的考试，定在秋季举行，谓之秋闱，即秋季的考试。天圣七年（1029年）秋，蔡襄进入开封府试考场。正所谓读书破万卷，下笔如有神，蔡襄凭着平时的刻苦努力，最终取得开封府试第一名，名动京师。谁也没有想到，一个来自边陲之地福建的农家子，没有任何的社会、政治背景，却登上了榜首。

殿试第十名

殿试是科举制度的最高一级的考试，由皇帝亲自主持。宋太祖开宝六年（973年），有落第考生告发考官录取不公，太祖知道后亲自在讲武殿命题重考。此后，殿试就成了定制，科举制度也就由二级制变为三级制，即州府试、省试、殿试。州府试是属于地方级的考试，考期在八月，谓之秋闱；省试由礼部主持，属于中央级的考试，考期定在第二年二月，谓之春闱；省试通过后，再由殿试最后裁定，殿试定在四月，是春闱的继续。

天圣八年（1030年）春，蔡襄参加春闱省试，最终通过省试进入殿试，名列进士甲科第十名。蔡襄的终生至交欧阳修在省试中名列榜首，但在殿试中有人告他发表一些不合时宜的言论，如主张考试应当重策论轻诗赋等，差点被除名，皇帝怜惜其文采出众，最后还是保住了功名，但丢掉了榜首，落到与蔡襄同榜的第十三名。

第三节　江阴娶亲

江阴备考

当蔡襄登上开封府试的榜首，蔡高却名落孙山时，兄弟二人面临着何去何从的抉择，是留在京都准备明年的春闱考试，还是带着弟弟回仙游老家备考？留京备考费用太大，虽然自己的费用可以由朝廷支付，可是弟弟没有功名，费用必须自己承担；回家备考则路途遥远，半年时间大都要浪费在路上。正在左右为难之时，蔡襄兄弟早年的“伯乐”、时任屯田员外郎的凌景阳，建议他们既不留京，也不回老家，二者折中，去江阴他丈人家备考，既省钱又省时。蔡襄兄弟听从凌景阳的建议，并随同凌景阳前往江阴备考。

凌景阳的丈人叫葛惟明，是江阴的大户，家境殷实。葛惟明年轻时曾报考进士，一举不中，就退隐在家，收藏书籍，并在家设馆授徒，可以说他既是一个书香门第的家主，又是一个图书收藏家，还是一个教育家。葛惟明家有五男三女，长女嫁屯田员外郎凌景阳，次女嫁进士陈玉，三女葛清源待字闺中。

蔡襄谢过葛惟明，不日就前往不远处的悟空寺求宿，寄居悟空寺闭门读书，等待来年春闱。而弟弟蔡高则留在葛家就读。当时，蔡襄虽然寄居悟空寺埋头读书，但时不时也会到葛家走动，一是看望留在葛家读书的弟弟，二是到葛家书库查阅有关史料和借书。蔡襄的举止言行给葛惟明及其全家留下勤奋好学、朴实无华的良好印象。蔡襄对葛家热情好客、淡泊名利、仗义疏财、温雅恭俭让的家风，也颇有好感。对凌景阳的小姨子虽无特别的接触，但见其容貌美丽端庄、举止知书识礼，颇有好感。所有这些都为后来的婚事打下了基础。

江阴求婚

按宋朝的科举制度规定，进士及第即可授官，从程序上说比唐朝简化。唐朝进士录取后，只不过是取得做官的资格，还必须经过吏部考核后再择优任职。但宋朝官场的实际运作也是不能马上授职赴任，也必须经吏部铨选，有一年甚至更长的候补期。原因是进士太多，职数欠缺。隋唐时期的进士科，年均录取不过30

人。宋初更少，只有10名左右。宋太宗逐步放宽，太平兴国二年（977年）殿试，就增加到109人。仁宗一朝40年13次科举，共录取进士4000余人，类进士诸科5000余人。据有关资料考证统计，两宋通过科举取士共计115427人，年均361人，分别是唐朝的5倍、元朝的30倍、明朝的近4倍，清朝的3.4倍。

宋朝如此众多的进士，焉能不排队待职候补？蔡襄决定先回家报喜，来年再来吏部报到领取赴任印信。在回家之前，他特意到江阴逗留些时日，一是拜谢葛家为自己兄弟俩所提供的帮助和照顾，二是到悟空寺拜别方丈，三是正式向葛家求婚。

在悟空寺拜别方丈，除了感谢他慈悲为怀，收留一方寄士，使他们得以功成名就。还题诗一首以资留念，诗云：

寂寂精庐切半空，古原高下稻花中。
莲趺披素轻云梵，花萼雕红细雨宫。
孤鹤睡迷千树月，断蝉吟绕五更风。
心縻尺组遥相谢，归马南蹄疾似蓬。

从诗中所写景物来看，水稻扬花吐穗、细雨淋沐宫庙、蝉鸣断五更风等情景，当是五六月份的梅雨时节。经凌景阳的撮合，蔡襄决定正式向葛家求婚。葛家高兴地答应了这门婚事，并谈妥按照礼制，由蔡襄父母作主定夺。

赴任迎亲

蔡襄辞别葛家，带着弟弟一起回福建仙游老家去禀明父母，把自己的婚姻大事交由父母作主，获得父母的赞许和支持，并商定蔡襄赴京铨选后，即前往江阴娶亲。

天圣九年（1031年）春，蔡襄赴京铨选。意想不到的是，吏部铨选的结果，竟是授予蔡襄漳州军事判官。蔡襄遵父母之命，在南下赴任的途中，前往葛府，迎娶葛家小姐葛清源回家成亲。

蔡襄年轻时，确是天之骄子。19岁大登科金榜题名，20岁小登科洞房花烛，人生起点的两件大事，一下子都圆满解决了。

雙溪會一流新構橫鮮赭浮居紫
霄窗臥影澄川下峽深風力豪石
溜聲瀉古劍蟄神龍商帆
來陣馬睎光轉群山翠色著萬
瓦汀洲生芳香草樹自閑冶主郡
黃士安高文勇拔賈顧我久踈悴
霜鬢漸盈把臨津張廣筵窮
晝傳清斝舞鼉驚浪翻歌
扇嬌雲葱曨餘道晚霽望外
迷空野曾是倦游人意慮亦蕭灑

自漁梁驛至衢州大雪有懷

大雪壓空野征車猶遠行乾坤

第二章

十年吏选历练

由道而学文，道至焉，文亦至焉；由文而之道，困于道者多矣。是故道为文之本，文为道之用。与其诱人于文，孰若诱人于道之先也？

虽说宋代是“重文轻武”“科举入仕”的朝代，但对官吏的管理和任用同样非常严格。官和吏是严格分立的，凡初出仕包括进士出身官吏都归吏部管理，都要下地方基层历练。蔡襄考取进士后，先任漳州军事判官，后任西京留守推官，历时10年。

第一节　漳州军事判官

军事判官并不是人们所想象的那样，是什么军队里的法官。在宋朝，军事判官并不属武官系列，而是文官编制。在一些军队过往进出较多的州府，都设有军事判官这个职位，协助知州管理有关兵员进出过往的事宜。

修身立命

蔡襄任漳州军事判官的第一道坎，是内心的坎，是修身立命的坎，需要经过自身的苦斗而升华。这可以从他撰写的《士伸知己赋》和《上运使王殿院书》中得到证明。

首先是关于人才价值的追求。值得赞扬的是，一个刚刚步入仕途的年轻人，却能从自身的体验中提出和阐明近乎完整的人才观。

蔡襄认为，人才就是“故我浩气集义，游于天真。默守节而无闷，动会时而益振。彬文薄于河汉，指素丝而禀洁，纫香草兮生春。彼美君子，风度瑰伟”。按今天的话说，就是按照自然的固有本性，使浩然之气凝集在道义上；默默守住气节宁静而不躁，行动合乎时宜作用更大；文雅绝顶的才俊，深谋远虑超出同僚；禀性纯洁得像白色的丝绸一样，连缀香草为大地增添春色。这样的人，就是美君子，风度美好。

大凡有真才实学的人，往往不会直接展现在公众面前，而是需要慧眼去发现。朝廷必须顺应人才的本性，以礼相待，以礼相邀，要敢于不拘一格选用人才，要防范妒才的人摧残人才。“木秀林而必摧，士入朝而见嫉”，蔡襄说，因这种妒忌而糟蹋人才的事例，在历史上是不胜枚举的。

初思理政

自古以来，没有贤臣辅佐，国家就难以治理。“君人者用贤如左右手也”。明君贤臣“广求其合，同声呼报，缺一不可”。为官之道，就是做一个贤臣，而贤臣的职责就是“辅君化民”。上为君，下为民。如果“是君为尧舜之君，斯民为尧舜之民”，那天下就太平了。入仕之初，蔡襄给自己定下行政为民的三条原则：一是正心行政。从政之术没有别的办法，必须本着先贤们的为官之道，因为国家法律条例再严厉，还得由具体的人去参酌应用。比如，判案断狱首先就必须搞清楚实际情况，处理政务必须预防出现弊端。二是良心处事。一个人执政能力有大小，“但求内无愧于心，外无怍于人而已”。三是不徇私情。蔡襄秉性耿直，不能包容别人的错误，发现上级违规违纪，就会提出质询；发现同僚存有欺骗之心，就会提出批评；发现下属触犯律条的，就会惩办。尽管这样会得罪不少人，但他还是一如既往，没有一点屈服迁就。

体察民情

蔡襄的职务是军事判官，但在和平环境里，军队调动不多，手上的事情也就不多。因此，蔡襄的主要工作就是做州官的副手，事无巨细，“筹画州之事务”。这样就给蔡襄提供了一个接触实际、全面了解民情和民心的机会。他经常下乡办差，深入基层，搞社会调查，关心民间苦难，了解百姓愿望和要求。到任才一年，就能如数家珍地把漳州数百年遗留下来的历史问题和现实问题，都罗列出来，最后他更是将这些问题归结为“贫困”二字。

更难能可贵的是，蔡襄认为之所以产生贫困，首先是贫富两级分化。一方面是“欲耕而无尺土者”；另一方面则是“有畜积逾年即为陶朱猗顿（即古代大富豪）之富者”。其中，土地问题是关键。七闽（古代福建闽人分为七族，故称福建为七闽）之地，四面被江海和山岳包围，土地贫瘠而人口众多。以前，地方的“土皇帝”一个接一个上台，竞相豪夺巧取，并把一部分肥沃田地划入佛教徒的名下。自本朝建立以来，这种现象不但没有改变，反而继续发展。朝廷推崇佛教，连太守也吃斋念佛，国家把许多田地无偿划拨给寺庙，规定佛教徒可以免除任何徭役，这样衣食无忧的生活，人们当然都想。故此，国家纳税的户籍无处不减少。

其次是官府与民争利。官府与民争利，导致国家财税屡屡短缺而人民越来越贫穷。国家对七闽三大特产茶叶、酒和盐实行官府专买专卖，“国家念及边储巨费，是三者利悉入公”。这就是说，国家考虑到边疆须储备巨额的费用，就将此三种的利税收入全部归入公库。这样不仅使得利润分配出现“出于己者薄，而获于人者丰”的问题，而且还加重了其他地区人民的税收负担，出现了民不聊生的状况，“穷民妻拏（即子）无营（即无法谋生），不能缄口待绝（即闭嘴等死）”。为了生存，百姓已经走到了拼死的地步，官府焉能袖手旁观？他十分关心民瘼，并上书时任福建转运使的王殿院，陈述民情，请求救民于水火。

第二节　作四贤诗五首，名震朝堂

五月风波

景祐元年（1034年）春，朝廷开科取士，蔡襄的弟弟蔡高进士及第。在这个偏远的山村里，一家先后出了两个进士，乡里立即热腾起来。当弟弟的及第喜讯传来之时，也是蔡襄在漳州三年任满之日。于是，兄弟俩几乎是同时回到了仙游老家团聚，此后蔡高举行婚礼，阖家更是喜上加喜。

家有喜事，亲朋好友迎来送往，热闹两三月，是正常的事。可是兄弟二人在家一呆就是一年半。原因就在于“冗官”太多，等待吏部铨选的候补官吏排成了长队。

景祐三年春，蔡襄带着妻女及弟弟蔡高启程北上开封，入京接受吏部铨选，在途经江阴时，蔡襄把妻女安置在丈人家后，就同弟弟匆匆赶路，五月初到达京城。蔡高被选注为长溪县尉，蔡襄则继续留京待选。在此期间，蔡襄经历了“五月风波”的洗礼，这也奠定了他一生为政的新的出发点。

蔡襄一到京城，就听到京城新近发生的一场政治风波，同

科进士欧阳修等一批青年同僚给他讲述了这场风波的全过程。它的实质是朝廷内部以范仲淹为代表的革新派同以吕夷简为首的保守派之间的一场政治较量。蔡襄作为一个以振兴国家为己任的热血青年，当然不能置身局外而无动于衷。他认真听、仔细想，并凭借自己多年所积淀的政治素养，对耳闻目睹的诸多事实所包含的是非曲直做出判断，公开表明自己赞扬什么、谴责什么、支持谁、反对谁的政治立场。

京城发生的这场风波是由宰相吕夷简擅权引起的。乾兴元年（1022年）真宗病故，12岁的仁宗即位。由于仁宗年少，刘娥太后（章献）临朝称制，垂帘听政。吕夷简以集贤殿大学士拜同中书门下平章事，即以宰相职务在朝掌握权柄长达14年之久，其间他结党营私，权倾朝野，容不得不同意见的臣僚。于是范仲淹直接向仁宗上《百官图》，请皇帝亲自看看到底是谁在结党营私，并直言不讳地指出，官员铨选，不能完全由宰相定夺。吕夷简看到《百官图》后，非常不高兴，但他仍隐忍不发。景祐三年（1036年）开春后，北边的辽国就蠢蠢欲动，威胁到宋边境和东京开封的安全，时任开封府尹的范仲淹提议迁都洛阳。

仁宗征求吕夷简对迁都的意见，吕不阴不阳地说，范仲淹迂腐，且高谈阔论，不切实际。其实，他曾出使契丹议和划界，对范仲淹迁都论心存芥蒂，又不便明言。范仲淹是个言事无所避的人，一眼就看出吕夷简包藏祸心。所以他在殿辩中借古讽今，捅了吕夷简一刀，他说：“汉成帝信张禹，不疑舅家，故有王莽之乱。臣恐今日朝廷亦有张禹坏陛下家法，不可不早辨也。”吕夷简恼羞成怒反咬一口，指控范仲淹越职言事，离间君臣关系，把朝廷最忌讳的“朋党”罪名加在范仲淹头上，欲置范仲淹于绝境。

一个是铁肩担道义的汉子，一个是权重倾朝野的老臣，互不相让，势不两立。在这种情况下，仁宗站在哪一边，才是问题的关键。这时，24岁的仁宗才亲政3年，还离不开吕夷简这般老臣。在仁宗的袒护下，侍御史韩渎附和吕夷简，建议把范仲淹定为“朋党”并张榜朝廷，以警戒百官不要越职言事。仁宗准奏，并把范仲淹贬黜知饶州。

当时“朋党”是个敏感的政治话题，士大夫们怕得罪宰相，明知范仲淹没有错，但敢去送行的人却寥寥无几。只有天章阁待制李纮、集贤校理王质二人提酒前去饯行。

选边站

正当满朝谏官、御史沉默不语的时候，首先是秘书丞、集贤校理余靖站出来为范仲淹叫屈，要求皇上改变对范仲淹的处分命令。仁宗非但不听，反而把他也发配筠州任监酒税。

其次是太子中允、馆阁校勘尹洙请求与范仲淹同罪。此前他曾上书说，范仲淹直言不讳，谅无回头，因此出于道义和师友关系，也自请受罪。且当时朝中多有议论说他也是范仲淹推荐上来的，现在范仲淹既以朋党获罪，因此，他认为应同范仲淹一起受罪，请求自我贬谪，以明法典。吕夷简听后大怒，把他也逐出朝廷，贬为监郢州酒税（职掌酒务事宜的官吏）。

最后是馆阁校勘欧阳修斥责高若讷而获罪。范仲淹被贬，在朝廷论救最多的要数欧阳修。他直接给高若讷写了一封长信，赞扬范仲淹平生刚正，学问渊博，是一个无与伦比的人才；指责作为谏官的高若讷非但不为范仲淹辩诬，反而说什么范仲淹是狂言违逆上意，是自取其辱；指责高若讷是个落井下石、不复知人间有羞耻事的小人，骂他无颜面去见士大夫，更没有资格出入朝廷称谏官。高若讷受不了，奏请皇上对欧阳修加以训诫。尽管欧阳修才高八斗、口舌如簧，还是斗不过保守派，最终被贬谪至夷陵做县令。

蔡襄作为一个留京等待二次分配的外地官员，不可能直接卷入朝廷上的政治斗争。然而他又是围绕在范仲淹周围的中下级官员，在思想感情上倾向范仲淹，因而一开始就积极参与被贬谪官员的送行饯别活动。耳闻目睹这场斗争的种种不平事，他义愤填膺，不吐不快，终于凝成诗稿，在五月二十七日众士子为欧阳修作最后饯别的晚宴席上吟唱出来，当时的气氛甚为热烈，“君谟作诗，道滋打拍，穆之弹琴。壮哉！何其乐也”。

四贤一不肖诗

蔡襄吟唱的是一组褒贬人物的七言古诗，共有5首，每首都在30行以上，共计184行，1288个字。这组长诗刻画了京都五月政治风波中的5个当事人，合称之为《四贤一不肖诗五首》。

“四贤”是指范仲淹、余靖、尹洙、欧阳修，“一不肖”是指高若讷。

一赞范希文。范希文即范仲淹，字希文，时任判国子监、权知开封府，被贬黜知饶州。咏颂范希文这首诗的主题，是赞扬范仲淹刚正不阿的品质及其才华和忠诚。

其诗大意是：朝中官员是何等威仪，但谁能识大体顾大局？只有一个人，那就是范仲淹。他是儒家出身，阅尽古今典籍。当年做谏官的时候，就在朝堂上表现出与众不同的奇才。在身受挫折时也不计较，总是以良好的心情度过春华秋实的日子。仁宗皇帝就像汉文帝想念贾谊一样，把范仲淹从苏州召回朝廷，授予开封府尹。开封府是国家的首都，权贵宠臣趾高气昂，开封府的大半主官都得看他们的眼色办事。而范仲淹却不买他们的账，昂立独行。他上表奏折陈述自己的意见时毫不保留，他的话里有多少秘密外人是不得而知。传说的人喧喧嚷嚷也不过是其中的十分之一，但能得到一分的人就足够成为治国的能手。仁宗贬黜范仲淹出守饶州，只可惜了范仲淹的智慧和思虑无处施展。

二赞余安道。余安道即余靖，字安道，天圣二年（1024年）进士，时任秘书丞、集贤校理，被发配到筠州任监酒税。

咏颂余安道这首诗的主题，是写余靖仗义执言而遭贬谪，表达对余靖的敬慕和同情。

其诗大意是：南方的边境筠州，是余靖这位被贬黜君子的居所，胸怀和风度都卓越超群的安道，也只能是孤芳自赏。他的诗词富有激情，就像天地炉里鼓出来的火焰。在京城待诏等了三年，微薄的薪俸不足以维持妻儿像样的生活。耳朵听到的和心里考虑的都是国家的事情，经常前往宫廷奏知皇帝。从校对考核逐级提拔，华丽的辞赋赢得在集贤殿里显赫的职位。虽然授官的任命书墨迹未干就被免职，但夺不走他渊博的学问。范仲淹因言事而获罪，失去势力又有谁敢出面相扶持？余靖断然表现出的气概，像万丈长虹贯京城。他上奏皇帝说，微臣余靖有话要说，出言不怕利斧砍头。我不是谏官，越位为范仲淹辩护固当罪，但愿意全家随漕运的扁舟去边陲接受处罚。那炎热偏僻的筠州离此数千里，他散乱的行李中只有一些被虫蛀蚀的破书。

三赞尹师鲁。尹师鲁即尹洙，字师鲁，时任太子中允、馆阁校勘，被贬为监郢州酒税。

咏颂尹师鲁这首诗的主题，是颂扬尹洙的高尚气节和品质，表达了对尹洙遭贬谪的同情。

其诗大意是：君子道合时间久了就相辅相成，小人利合久了就相互倾轧。攀比、奉承、献媚不知道是病态，对天发誓要报答提拔自己的恩人就像订立盟约一样。一朝夺得权势而德性没有改变，即使大权在握，在道义秤杆上也是没有毫厘分量的。害怕权威阿谀上司的人必然要伴随着毁谤，况且还会摇唇鼓舌妄加评说。气节与道义都很显著的尹师鲁，以端正自身、牢记道德为荣。范希文被罪激起人们的愤怒，唯独你像平常一样欣喜和羡慕。你上书朝廷自论愿与他同罪，唯有善恶两个字必须分清。虽然被降职放逐到楚地郢州，但一点牢骚也没有。如果范希文真的是个奸险人物，哪里会有这么多才华优异的人赞扬他。

四赞欧阳永叔。欧阳永叔即欧阳修，字永叔，时任秘阁校勘，被贬谪至夷陵做县令。

咏颂欧阳永叔这首诗的主题，是颂扬欧阳修仗义执言的胆识和才华，含蓄地批评了朝廷排斥忠良的不当行为。

其诗大意是：欧阳修秉持古为今用的心仪，心术不正者无法了解他的学问和才能。开封府尹范仲淹贬谪饶州，余靖、尹洙二位贤臣上书奏请赎回范仲淹的罪责，反而更加重了情势。皇帝下令百官不得越职言事，谏院更是不敢扣押奏章。权位低下的欧阳修，目视皇宫高耸，难于面圣，只好写信责诘谏官高若讷，落笔如同骏马驰骋，尖锐剖析其要害。信说范仲淹的学问有根柢，学识贯通古今，气势果断刚毅，只因言语不合而受到谴责岂能伤害得了他？欧阳修所说的话本身感切至极，高若讷不能不情绪激动。袖子里放着欧阳修的书信，跑到天子身边乞求可怜。说什么范仲淹贬谪饶州，本来就是应该的事，怎么能把臣当作发泄怨恨的地方？叹息我辈认识欧阳修不够深入，只知道他的文章在文坛上的声誉高扬。实际上欧阳修满腹儒家学术，只要任用适宜，他就能施展全部才华。朝廷若能进用贤才，采纳忠言，遵循先贤的行为和学说，圣德就会垂范无疆。

五斥不肖高若讷。高若讷，字敏之，时任起居舍人、知谏院。

斥责高若讷这首诗的主题，是谴责高若讷谗言构陷范仲淹和欧阳修的丑恶行径。

其诗大意是：良谋直论的范仲淹，因刺激奸邪、纠正谬误而名扬朝廷。羽毛虽轻但集多了也会沉舟，毁谤太多了无法申辩也能压死人。正派的人没有伙伴，而奸邪的人却有朋友。欧阳修官职卑下，要洗白冤屈没有门路。累幅长书把埋藏心中的不平一吐为快，专心一意指责高司谏。骂得高若讷像是在朝廷受鞭杖一样，出来无脸见官宦。高若讷带着欧阳修的书信奏明皇上，佯装若无其事，反咬一口说范仲淹的谋略不切实际，把他发配到南方为官是最适宜的。欧阳修违背圣意放逐四川，不免正中了馋人的心机。高若讷作为司谏不能引咎自责，反而还把自己当时的罪过加以宣扬。“四公称贤尔不肖，谗言易入天难欺”。朝廷如果有派往民间采集民谣、观察世情民风的，他一定会奏请皇上把你的这些话语收入诗篇。

蔡襄的四贤一不肖长篇组诗一写完，就引起轰动。京城的酒肆、茶楼、旅店等公共场所，都在传诵、抄录和张贴。

蔡襄的诗作在京城走俏，不能不引起朝廷的震动，据《续资治通鉴》记载：泗州通判陈恢旋即上奏皇上，请求追究诗作者蔡襄的罪责。左司谏韩琦，弹劾陈恢越职求恩赐，应该重贬，朝廷均置之不理。蔡襄也就没事了。

说没事，实际上还是有事。其一是蔡襄的事引起朝廷内部的极大震动，朝野新旧力量对比发生了潜移默化的变化。第二年（1037年）四月，吕夷简被罢相出京，判知徐州。其二是直接影响到蔡襄的第二次分配。按一般铨选程序，任地方吏职一任即可转为京官，如欧阳修同蔡襄是同科进士，蔡襄分配漳州任军事判官，欧阳修分配洛阳任留守推官，欧阳修任满即改任秘书省校勘，蔡襄因故没有得到及时改派，且一到京又卷入了这场政治风波，后来更是成为这场余波的主角。前者的主角一个个被贬出京，吏部绝无理由和胆量把一个在朝廷已经挂了号的人物，再分配在京任职。

这年七月，蔡襄被分配到洛阳任留守推官，接欧阳修首任吏职。

第三节　西京留守推官

景祐三年（1036年）七月，蔡襄赴西京任推官，至康定元年（1040年）春入京任著作佐郎的近五年间，主要的精力还是放在修身和为民这两个方面。在三位西京留守特别是张士逊和宋绶的点拨下，蔡襄取得了一定的成效。一方面是艺文观日臻成熟，另一方面是以民为本的理念得到进一步验证。

艺文观

洛阳是北宋四大京府之一，具有备用首都的功能，一般都会设置留守以应急用，且西京留守的品位都很高。蔡襄到西京报到时，留守是张士逊。他曾是庄献皇太后的末任宰相，明道二年（1033年）九月，皇太后驾崩。十月“张士逊罢为左仆射，判推官，宋朝时三司下各部每部设一员，主管各案公事；开封府所属设左、右厅，每厅推官各一员，分日轮流审判案件；临安府设节度推官、观察推官各一员；诸州幕职中亦有节度、观察推官。

河南府”。宋“左仆射”“同平章事”都是“宰相”的职称。“判”字当头通常是以高官兼任低职的一种说法，即罢免宰相之职，就任西京留守。

张士逊是蔡襄任西京留守推官的第一位上司。他既是一位资深的政治家，也是一位著名的诗人。他很欣赏蔡襄的年轻有为、艺文操行和诗书功底。蔡襄在《谢昭文张相公笺》里，回顾了自己在他手下任职一年多的感受，觉得受益匪浅，得到他很多点拨和抬爱。同时也表达了自己对上司的功德和为国招贤纳士的崇敬之情，说张士逊是“国之元老，天子所赖，官师所则，四方所瞻”。蔡襄在张士逊眼里是个青年才俊，而张士逊在蔡襄看来是一位巍巍长者。蔡襄这时才25岁，而张士逊则是一位72岁的老人。在短短的时间里，他们能有这样深厚的情谊，就在于志同道合，在于蔡襄的严于律己、重视艺文操行。在这期间，蔡襄在思想认识上获得新的飞跃。

蔡襄在《谢昭文张相公笺》里，坦承自己思想转变及其认识飞跃的整个过程。

首先是文学观日臻成熟。蔡襄说，我幼年从学，少长举进士，作词章，日益求新奇，与同辈争名声，当时处之泰然，无所愧疚。可是后来，我钻研圣人的书，更注重求其意，多少有所得，储藏于心，身体力行，逐渐明白为文只求达意，不在“奋肆夸丽，通乎意则已”的道理。特别是不要一味地追求新奇、

追求华丽的辞藻、追求所谓的尽善尽美的形式，因为不自量力的追求将会适得其反。如果是为了“勇于”进取而盲目强行，不懂得适可而止的话，事后醒悟过来时，从前认为是无愧的，现在就会觉得更加有愧了。所以，在洛阳履职期间，蔡襄始终坚持不以文词炫耀于人的三原则：一是公事公办，“不敢以文词妄进于左右”。二是日常与吏交谈，不辩文词的“是非当否”。三是上班时间，“未尝执书自娱”。

在此期间，蔡襄解决了当时文坛争论不休的一个难题，即内容与形式孰先孰后、孰重孰轻的问题。蔡襄在回答他的一个笔友关于文与道关系的问题时说：“由道而学文，道至焉，文亦至焉；由文而之道，困于道者多矣。是故道为文之本，文为道之用。与其诱人于文，孰若诱人于道之先也？”这里所谓的文，是事物的外在表现，也就是文艺的表现形式；而道就是事物的本质内涵，是文学赖以表现的内容。二者之间是辩证的关系，但从形式逻辑上说，应该是道为本，文为用；道在先，文在后。

其次是民政理念进一步深化。如何处理政务与文学的关系，也是艺文观的一个根本问题。蔡襄说，当今有些文人，常常蜂拥到某些大官的门下，祈求他们优先举荐自己，以谋取显要的职位。当提起治理百姓时，他们却说什么自己的职业是写文章，吏事政务与己无关，全然不肯检查审视案宗文牍，以显示自己的清高。蔡襄感慨地说：“所谓文章者，岂期为速进之资耶？又岂不与民政已耶？是必不然，是必为之皆偷者也。”蔡襄的这段话说白了，就是既不能把文章作为谋求快速晋升的资本，也不能以写文章为借口不理民政事务。无论是前者还是后者，说重些都是欺世盗名者，说轻点也是投机取巧的偷闲者。这是蔡襄也是张士逊所不取的。

上书庞籍

张士逊作为长者对蔡襄可以说是关怀备至，上任不久，就嘱其回去接家眷。景祐三年（1036年）冬，蔡襄在回江阴的途中，巧遇正赴新任侍御史的庞籍，他曾任福建转运使，蔡襄是福建人，又在漳州任职3年，席间自然就谈起一些福建旧事。最让蔡襄牵肠挂肚的是关于漳、泉、莆丁税及其贫民生计问题。蔡襄特意拜托庞籍赴任后能禀奏皇上，请求解决三地民生之苦。为了使庞籍能记住这件事，蔡襄事后又特地给他写了一封备忘录式的书信。这就是《上庞端公书》，并派专人送达。

蔡襄上书庞籍，详细说明漳、泉、莆三地沉重的身丁税是个几百年前遗留下来的老问题。昔者五代末年，战争不断，国力不足，无名之税兴起，民不聊生。后来天赐明君，终归一统，人民翘首以待，望能减轻税赋。可是年复一年，三郡人民伫望了四五十年，未见减少反而增加了。“男丁日佣不过四五十文，身丁之直（税值）岁率三百。衣食之余，终年不能足之，必僦（租赁）产”，造成极其严重的社会后果，有的因没有生计而饿死，有的则扶老携幼流浪他乡，而户籍名字依然如故，照收不怠，害得司理叫苦连天。

真宗视政时，曾下诏书特免浙江多个州郡的身丁钱。可是当时福建的官员认为，诏书所说的是钱，而福建三地缴的是粮，所以不在赐免之列。蔡襄感慨，当今皇帝和宰相可能是不知道以上这些情况，如果知道了岂能无动于衷？皇帝仁爱，假设有一天要推广先帝被遗漏的仁德，养育一方快被饿死的人，不也是对广泛教化的一种弥补吗？即便无法全免，首先应该免除贫民的税赋，

如“贫民无田业者，与无货财之为的商贾者”。贫富可以有差别，但保全人的生存是当务之急。但愿庞端公能诚恳禀报，期望施行。

宝元元年（1038年）三月，张士逊调回京任宰相，奏请皇上破格提拔蔡襄为朝奉郎，试（候补）大理评事。

执政理念

范雍和宋绶相继接任西京留守，时间都很短，前者头尾只有9个月，后者也只有半年，但他们都很看重、信任蔡襄，同时也为蔡襄树立了两个如何为民执政的典范。范雍离职一年后，还书请蔡襄为其疏导尹水工程作“记”，教导后人好生保护水利设施，切勿损坏。从蔡襄的《导尹水记》里，可以看到一个好官的风范。范雍在很短的时间里，就能顺应民意，把一条淤塞多年的尹河疏通如常。他修复尹水河，不仅是复原了河面的交通运输，而且还为两岸开辟新的农田灌溉、水车推磨的水力资源，是一个造福于民的综合性水利工程。蔡襄借此提出一个长期存在的官场弊端，即宋朝为了防止地方官坐大，推行了一项官员在同一地方任职不得超过三年的任期制。蔡襄说，由于任职的时间短，即使是个很好的官吏，也无法全盘施行其德政惠及于民。

蔡襄说：“三年而迁，视其地与民置之若遗迹。非志于民，孰去而思之耶？公方专制羌虏，早夜设方略，审机势，以攻取决胜为事。今乃勤勤洛人之利而不忘，可谓志于民者矣。”蔡襄的这段话说明，一任三年的任期制，给人造成一种人走茶凉的官场环境，官员们往往把其任职的地方和人民视为不屑一顾的陈年足迹。要不是始终把民众放在心上，谁会在离开后再去思虑他们？

蔡襄高度赞扬范雍在新任知延州、边防军务十分繁忙的情况下，仍不忘自己曾经治下的百姓利益，认为他是一位真正以民为念的好官；同时也反映出蔡襄此时已经形成了以民为本的执政理念。

宝元二年（1039年），宋绶继任西京留守。宋绶是继范雍之后的又一个好官，范雍用一个月又十六天“导尹水”，宋绶也在两个月内建成“通远桥”。他们俩心中都装有洛阳的老百姓，他们俩都请蔡襄为之作“记”。而蔡襄也不负所托，在一个月内先后写成两篇“记”——《导尹水记》和《通远桥记》。

宋绶是继张士逊之后又一位长者，他比张士逊小27岁，但比蔡襄大21岁。虽然宋绶与张士逊在朝廷上往往政见相左，但他们对蔡襄却是同样地喜欢和看重。张士逊奏请皇上授予蔡襄六品朝奉郎，宋绶则重用蔡襄，让他兼任洛阳县令的实职。如果说张士逊看重蔡襄的是艺文操守的话，那么宋绶则更喜欢蔡襄的书笔墨宝。

宋绶在当时很有名望，曾任资政殿大学士、参知政事，是以礼部尚书衔出知河南府，同时也是一位著名的学者、图书收藏家和书法家。宋绶在洛阳任职期间，非常倚重蔡襄。他视蔡襄为朋友，与蔡襄交往密切，可以称得上是忘年交。蔡襄也非常敬重宋绶，视他为自己为官的楷模。

12年后，蔡襄回忆当年在宋绶手下做事时得到宋绶百般关照的情形，感激之情溢于言表：“辱公知遇厚，表里曾无嫌。间复请笔法，指病如投砭。”在此期间，蔡襄反复向宋绶请教书法，他总是毫不客气地指出书法中存在的问题和毛病，并富有针对性地予以指正，对蔡襄的书法自成一体起到至关重要的作用。

宋绶在洛阳任职只有半年，康定元年（1040年）三月，调回京任枢密使，后任兵部尚书、参知政事。与此同时，蔡襄也调离洛阳，回京接受铨选。

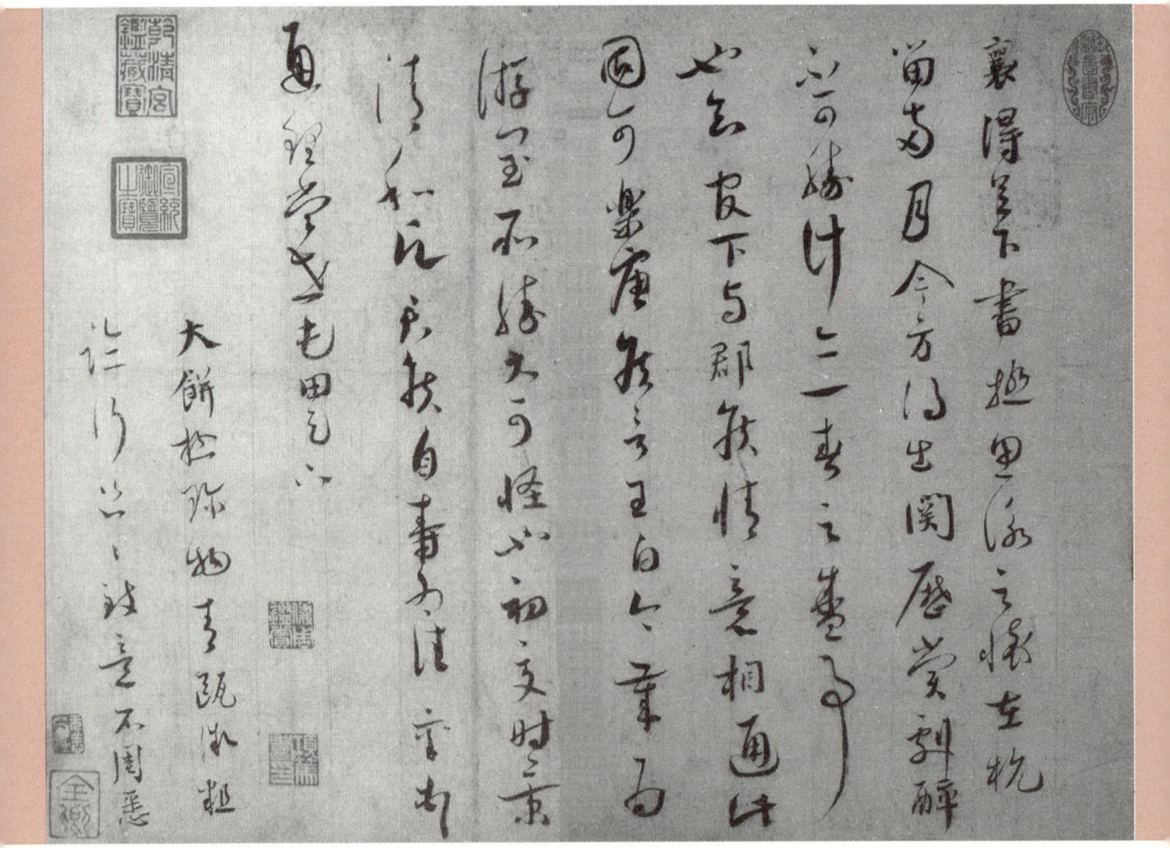

襄得足下書，極思詠之懷。在杭
留兩月，今方得出關，歷賞劇醉，
不可勝計，亦一春之盛事也。
知官下與郡侯情意相通，此
固可樂。唐侯言：王白今歲為
游閏所勝，大可怪也。初夏時景
清和，願君自重。襄頓首。
通理當世屯田足下。
大餅極珍物，青甌微粗。
臨行匆匆致意，不周悉。

第三章

力挺庆历新政

臣力指奸邪，世人以臣不思后患，为臣寒心，笑臣愚鲁，臣自知甚明。苟利国家，岂顾后患哉？臣不爱身，唯忧朝廷不即施行耳，奸邪不去，正人退缩，此正可痛心也。

——蔡襄

蔡襄29岁入京为官，到34岁外放福州任知府，是蔡襄“三上三下”仕途生涯的第一上。这一上历时5年，为我们展现了一个称职的谏官形象。蔡襄自谦地说：“天子误采拔（提拔），谓有谏诤风。”奉旨书写《无逸篇》，展现其书法才能；名列“四谏”，弹劾奸邪，置身家性命于度外；上《黼扆箴》，规谏仁宗居安思危，实行变革图强；举荐推行新政的领军人物，力挺庆历新政。

第一节　奉旨书《无逸篇》

《书赋》小楷评第一

康定元年（1040年）春，蔡襄差不多与宋绶同时调离洛阳，进京铨选受任秘书省著作佐郎、馆阁校勘。时年29岁，从此结束了十年吏选生涯。蔡襄入京的第一件事，是奉旨书写《无逸篇》，置于皇帝的讲读阁屏上，深受仁宗的喜爱。

蔡襄从小就喜欢书法，少年师从北宋早期的书法家周越。长大后改学唐中期杰出书法家颜真卿，后来又取法东晋书圣王羲之，特别是得益于宋绶的点拨，练就了一手好字，终于自成一体。宋史《蔡襄传》记载：“襄工于书，为当时第一，仁宗尤爱之。”

苏东坡认定，蔡襄是以小楷名列第一。苏东坡在其《东坡题跋》卷四《跋君谟〈书赋〉》里说：“余评近岁书，以君谟为第一，而论者或不然，殆未易与不知者言也。书法当自小楷，岂有未能正书，而以行草称也！君谟年二十九，而楷法如此，知其本末矣。”

问题是蔡襄作《书赋》是抄录前人的作品，还是自己写的作品？关于这一问题现在无从考证，但有两点是清楚的。第一点是所谓的“书赋”是一种以赋的文体评书法，唐代窦臮首启其宗，著有《述书赋》一书。后来书评、书论辈出，虽无人可与承接，但概属评书之列。第二点是蔡襄写过一篇类似书赋的评书，或许就是苏东坡所说的“书赋”。现在收进《蔡襄全集》的这篇《评书》，存疑之处明显。

从蔡襄的《评书》的内容看，似是1040年写的。在这个年头，书坛似有门派泛起之态，蔡襄遂为之考究历史源头。蔡襄说：“今书有规矩者王（即东晋书法家王羲之）、索（即西晋书法家索靖），其雄逸不常者皆本张（即东汉书法家张芝）也，旭（即唐代书法家张旭）、素（即唐代书法家怀素）尽出此流。盖其天资近者，学之易得门户。”蔡襄在此提出并厘清两大门派：一个门派是尚法派，即“规矩者”效法东晋书圣王羲之、西晋书法家索靖。另一门派是尚意派，即“雄逸不常者”以唐代书法家张旭和怀素为本源。蔡襄认为，不管是哪一派都应该遵循书法的要领，这就是“唯取神气为佳”。如果只是模仿形态，虽形态相似却没有精神，都是不知道书法的人所为。

《无逸篇》

康定元年（1040年）春，蔡襄作小楷《书赋》，夏，奉旨书中楷《无逸篇》于皇帝讲读阁的阁屏上。《无逸篇》乃是《尚书》名篇《无逸》，被历代帝王视为勤政励志的座右铭。《尚书》所记载的《无逸》，本是周公和周成王的对话，大概是在举行周公退位、成王视事的仪式上史官记录下来的。对话的内容，是周公告诫成王：居王位的人，不要贪图安逸，要禁止荒淫。这一内容为历代帝王所重视。

宋仁宗亲政三年，百废待兴。他年轻有为，踌躇满志，想做出一番事业。为了安邦治国，开辟了讲读阁，延请宗师讲学，同时也为了约束自己，提出把《尚书·无逸》抄写在阁屏上，作为一面镜子随时对照检点。于是，时任参知政事的宋绶举荐蔡襄担此重任，获准，书成，仁宗很是喜欢。蔡襄开始进入仁宗的视野，仁宗不仅欣赏蔡襄的字，而且喜欢蔡襄的为人。笔正心正，书品与人品相得益彰。

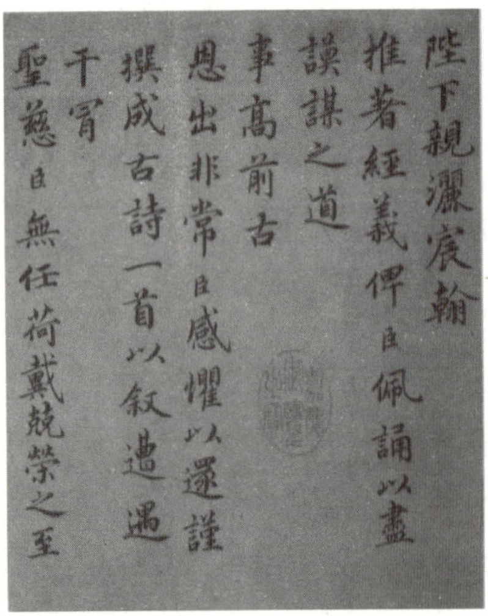

蔡襄字帖《谢赐御书帖》（楷书）

蔡襄以楷书成名，其楷书为自唐入宋之第一人。苏东坡说得好：“书法当自小楷，岂有未能正书，而以行草称也！”蔡襄自己也说：“古之善书者，必先楷法，渐而至于行草，亦不离乎楷正。”蔡襄的书法除楷书出名外，隶、行、草“众体皆精”，不仅得到皇帝和京城群臣的赞誉，也得到朝野内外书法行家的好评。欧阳修说，自苏子美（苏舜钦）之后，蔡襄独步当世，苏东坡赞同欧阳修之说，“独蔡君谟书，天资既高，积学深至，心手相应，变态无穷，遂为本朝第一”。直至宋宣和二年（1120年）夏秋间，宋徽宗亲自主持并钦定的《宣和书谱》，“复推”蔡襄书法为“本朝第一”。

蔡襄的书法不仅在宋代誉满朝野，即使在往后的元明清书法界，也享有很高的声誉。元代“儒林四杰”之一、著名书画家柳贯说：“蔡忠惠公之于书，如孙吴兵法奇正相生，不可端倪，应当为宋书第一矣。”明朝书评家项穆说：“宋之名家，君谟为首”，“予谓君谟之书，宋代巨擘。”清朝书评家姚广平说：“蔡忠惠公书法入二王，有宋当推为第一。”

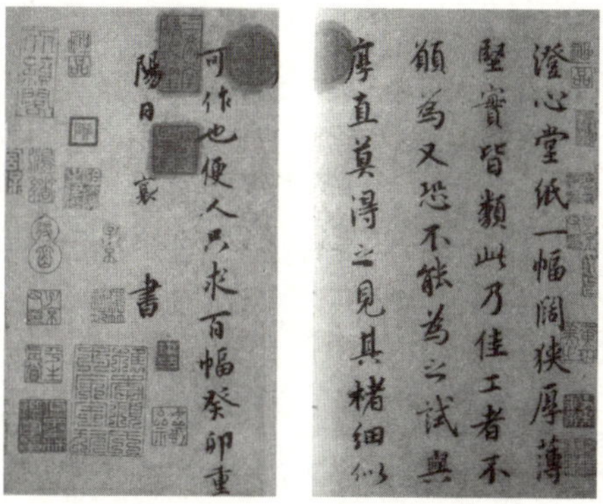

蔡襄字帖《澄心堂帖》（行书）

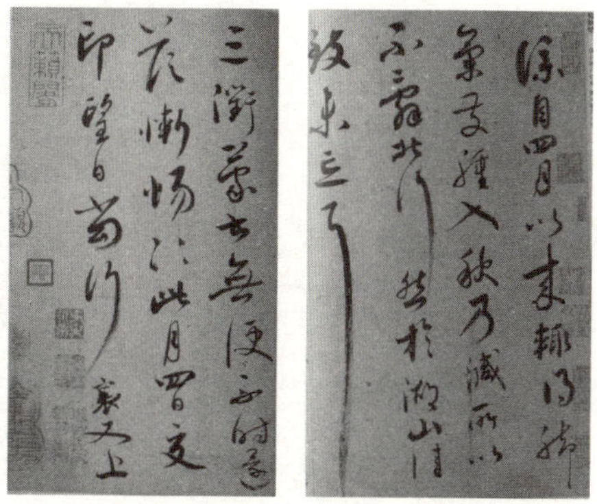

蔡襄字帖《脚气帖》（草书）

兄弟情深

康定二年（1041年）四月，蔡襄告假回家探亲。六月初抵达福州，月底到家。蔡襄到家才5天，就接到弟弟蔡高病逝的噩耗，一时间犹如晴天霹雳，哀哭号叫，惊迷失次，顿时陷于悲痛的深渊。

蔡襄在家为弟弟设立灵堂，奠祭亡灵。在《祭弟文》里，他呼天号地，为弟弟的死鸣不平！恨苍天无眼，“呜呼！反复思虑汝之行，于父母孝谨，于兄弟友悌，于当官莅事公廉无私，事细大莫不尽其心焉……汝不复生矣！汝之永诀矣！二亲垂老，早暮涕泣，望祭千里之外”。

是啊！探亲还家之前，弟弟送至开封城郊，谁知竟是生离死别。“吾于汝，爱为兄弟，而学业为朋友。每聚议通夕，若出入经、史、记、传，浩博贯穿，吾不在汝右（即上面），逮根诸（归根到）理论，吾或有先焉。汝有遗文，吾当录次，以传于后。汝子犹吾子也，教勖（即勉励）养育，待其成人，扶持汝归，以葬吾土，则吾志足矣”。兄弟情深，跃然纸上，令人潸然泪下。

庆历三年（1043年），欧阳修为蔡高撰写墓志铭。他在《蔡君山墓志铭》里说，蔡襄南归拜其亲，夏，京师大疫，蔡高染疾卒于县。高之妻程氏，一男二女皆幼。县衙公人哀悼他，见其家贫，就送给丧葬费钱二百贯。程氏哭着说：“我家素以廉为吏，不可以此污我夫。”拒而不受。于是，大家才知道蔡高不仅能用实惠爱其县人，而且还能用清廉教化其妻室。

蔡高景祐中举进士，初为长溪县尉，以善于破案而著名。史载，县里有一老妇人告状，说她两个儿子在海上捕鱼被仇人所害，要求县衙捉拿仇家。县吏感到很为难，都说：“海有风波，怎么知道他们不是被水淹死的？如果确实是被仇人所杀，若没有找到尸体，则于法不可理。”蔡高却说：“老妇人形色似有冤情，我不能不替她受理。”于是，他暗地里观察仇家动静，得到某些确有杀人的迹象，然后与老妇人约定说：“我去海上住宿，为期十日找不到尸体，则替你担当捕贼的责任。”大约七日，海水潮涌，两具尸体浮上来，经检验都是被杀的，这才捕仇家伏法。

蔡襄为蔡高整理遗稿十多万字，都是当世要务之论。过了一年，天子与大臣坐论天下利害，其所更改的条目，十有五六得自蔡高的遗稿。

第二节　名列庆历“四谏”

庆历“四谏”

庆历元年（1041年）五月，左正言（谏官衔）王沔自请罢职外放，推荐从田况、欧阳修、张方平、曾公亮、蔡襄、王素等人中选择替代自己任谏官。仁宗皇帝只钦点张方平知谏院，其余的人就暂时搁置。庆历三年三月，仁宗钦点欧阳修、余靖、王素三人为谏官，随后补增蔡襄，时称“四谏”。是年九月，皇帝赐知谏院王素三品服，余靖、欧阳修、蔡襄五品服，面谕曰：“卿等皆朕所自择，数论事无所避，故有是赐。”

中国历代王朝中，凡是有所作为的开明君主，都愿意广开言路，闻过纳谏，在身边多多少少都有一些敢于揭短的官员。从两汉到唐宋，人们逐渐给这些能规谏君主过失的直言之臣以正名分，谓之谏官。但他们并无统一的编制，也没有一个统一的归属机构，往往都分散在各部门。天禧元年（1017年）设谏官六人，以左右谏议大夫、左右司谏、左右正言衔之。庆历三年（1043年），仁宗皇帝独立设置谏院，与御史台合称“台谏”。谏院设有左右谏议大夫执掌谏院，谏官称为司谏、正言。谏官的职责有二：一是向皇帝提出批评和建议，对朝廷的决策进行评议谏诤；二是对各部门及其官员谏议得失，特别是要以宰相为主要的监察对象。

虽然谏官的品级地位不高，但权力很大，按规定，谏官每月至少奏事一次，叫做“月课”，否则视为失职，如果百日之内无所弹奏，就要受到处罚，或是罢官，或是罚款。为了保证言路畅通，不要求所奏弹之事必须准确，哪怕是道听途说或是捕风捉影的消息，都可以报告给皇上，不必要求有真凭实据，即使弹劾不当也没有什么责任。既然赋予谏官这么大的权力，那么对他们的选拔和管理也当然就很严格。首先是人品好和文化修养高，必须是品行兼优者。其次必须经臣僚推荐，最后由皇帝在推荐的官员中择优钦定。但宰相、参知政事和枢密使三巨头不得举荐，其亲属不论亲疏，都不能充职。

设置谏院，增加谏官，对于完善政治治理、赏罚有据、广开言路大有裨益。但这一举措能不能坚持下去，蔡襄也颇多担忧，任命谏官不难，难在听谏；听谏不难，难在用谏。为什么？因为奸邪之人常常从中作梗，他们编造出种种似是而非的言论来干扰抵制，如给谏官戴上“好名”“好进”“彰君过”的帽子，颠倒黑白，混淆视听。

当然，谏臣本身也有取巧耍滑之处，对此，蔡襄给予严厉的批评。

弹劾宰相不留情面

弹劾宰相是谏官的主要职责，蔡襄在此期间，先后弹劾过两位宰相，一个是吕夷简，另一个是晏殊。

吕夷简于庆历三年（1043年）办了病退，罢了相。可是他贪恋权位，退而不休，屡屡在家私自接见两府（即掌管军事的枢密院和掌管政务的中书省）大臣。蔡襄在《乞罢吕夷简商量军国事》里指出：“前宰臣吕夷简被病以来，两府大臣三次诣吕夷简家议事，有损国体。”奏章里还列举了吕夷简为相二十余年，玩忽职守的七大过错：第一个过错是失体。吕夷简执政以来，屡贬敢于直言的人，或是贬谪千里之外，或是抑制数年之久，驱逐忠贤，以泄私愤。第二个过错是失方。直指吕夷简本性不善，二十年来见善不扬，见恶不惩，废廉耻之节，使人不肯崇尚德行、厉行名节，使奸邪不败、习以为俗。第三个过错是失行。痛斥吕夷简一手遮天，总是把恩德归自己，把过错推诿给同僚，甚至妄称是奉旨行事，以此来笼络人心、结党营私，无大公之论，有朋党之议。第四个过错是失职。多年来宰相主管的三班院使官员，冗官甚多，授官后还需等待补缺一两年。奇才异绩得不到提拔，贪墨无能得不到责罚。贪廉混淆，善恶无别。第五个过错是失事。富国恤民本是宰相之事。可是连年战事不断，还有天灾人祸，特别是宰相用人不当，不用有才能的人，只凭人情和资历选任三司使、转运使等掌管财政的官员，又频繁调换他们，搞得国库空虚、民力殚竭、怨声载道。第六个过错是失略。吕夷简任宰相之后，不是怀着忠诚于国家的坚定信念，施展诛灭叛逆的方略，反而是屡战屡败，大战大败，小战小败，丧师失地。第七个过错是失谋。吕夷简制敌无术，其害日深，在如何为国抗敌上，既无谋略也无谋术。西师兵败之后，北辽契丹乘机起兵压境，胁迫朝廷岁增金帛二十万，是为极大的耻辱。

总之，蔡襄认为，吕夷简不忠不才，必须禁止吕夷简“商量军国大事”，并责罚参与者。皇帝准奏，罢了吕夷简预议军国大事的权力。

晏殊继吕夷简之后，任宰相兼枢密使。蔡襄说，他既无治国理政之才，也无廉洁正派之德，甚至利用手中的权力，明目张胆地调动士兵，在公家的土地上，为自己盖房出租。是可忍孰不可忍！庆历四年（1044年）九月，蔡襄奋笔疾书《乞罢晏殊宰相》。揭露晏殊在河南上蔡县东南的蔡河边，占用国家的土地，盖私房出租。其建筑工地的工匠，除动用本地军队里的工匠外，还从外地召来军人，日夜苦役，怨声载道。蔡襄说：“宰相晏殊自登枢（即枢密使）府，及为宰相，头尾数年，不闻奇谋异略，以了国事，唯务私家营置资产。”这种德行，怎么可以“相天子而率百僚”？请求皇上英明决断，“罢免晏殊，别求贤才，以救时弊”。

皇帝批准了蔡襄的奏议，把晏殊罢为工部尚书、知颍州。

抨击奸邪不思后患

还在担任谏官的前夕，蔡襄就在《言增置谏官书》里，第一次把“奸邪”与谏官联系起来，把抨击“奸邪”列入谏官的职责范围。

在这一时期，蔡襄揭发奸邪的有名奏议是《论李淑梁适奸邪》。李淑，字献臣，十二岁赐童子出身，官累进至知开封。但其为官行为不端，多亵渎身边官吏。蔡襄之前，先有谏官包拯等言其性奸邪，罢翰林学士，但又复职。后有谏官欧阳修奏事延和殿，面论李淑奸邪，指出其是吕夷简朋党，奸佞之臣，希望早一点外放。不久，朝廷下令罢去李淑的翰林学士，遣知寿州，可是被中书省所阻，仍留京不走，说没有李淑自我求出的奏章，不敢放行。在这种情况下，蔡襄再上奏本，明确提出李淑行迹奸邪丑恶，不宜在天子左右。

蔡襄的一段话，为其谏官形象做了很好的刻画：

> 臣力指奸邪，世人以臣不思后患，为臣寒心，笑臣愚鲁，臣自知甚明。苟利国家，岂顾后患哉？臣不爱

身，唯忧朝廷不即施行耳，奸邪不去，正人退缩，此正可痛心也。李淑、梁适皆有实罪，如臣辈所谓者，只乞与外郡，有何难行？若大臣者有专权之嫌，有后患之畏，不敢明言去之，陛下何所惮而不为？愿陛下为社稷、为生灵留意，幸甚！

第三节　力挺新政

献《黼扆箴》

在范仲淹推出庆历新政——《答手诏条陈十事》之前，蔡襄就在自己的许多奏议里，不断提出和阐述了必须变革的思想观念。特别是在庆历三年（1043年）春，蔡襄上了一本万言书《黼扆箴并状》及《别疏》，条陈事实。黼扆，即斧扆，是帝王座位后绣有斧形花纹的屏风，箴是语言精炼的规戒文体。

《黼扆箴》诗云：

丕显元圣，上奉天时。跻俗于礼，任材以宜。肃治家政，大隆本支。好闻益广，去邪勿迟；利急思困，兵连虑危。法令必信，恩赏无私。威福是守，听断不疑。太平可致，决所施为。

在此，略择《别疏》数句，译其要旨，即可见一斑。

句一，“丕显元圣，上奉天时”：称颂仁宗皇帝上奉天时，以天人交感来应验，凡事都必须符合天命。连年灾异不断，上天再三警戒，要陛下“思而革之，转灾为福也”。

句二，“跻俗于礼”：当今天下不遵廉耻之礼，奢侈浪费成俗。大臣竞相买卖田产宅院，争求重利，况百官哉！况下民哉！于是官吏曲狱受贿，而触犯死刑的案件连续不断。恩义之薄而财利之厚，上自大臣，下及黎民百姓莫不然也。但愿陛下能体察下情，“择任贤才，兴立典制，上下有礼，车服有序，礼让兴行”，革除陋俗邪风，如此，国家就会强盛起来。

句三，“任材以宜”：当今建立官制的方法，弊病至深，录取官吏没有考核他们的才能，担任职务不称职，这种情况因循很久了，一直都没有变更。

句四，“兵连虑危”：自从西边战事再起，为什么屡战屡败？盖因边将处境不和谐、练军不实、官名不正所致。必须改革军队体制，处理好将帅与边境文职官员的关系，稳定将帅官兵关系。为今之策，须要改正官名，每路立成一军，如都监之类尽改军职。官名既正，则将权可专，练兵必实，用兵必精，军费必少，供应必足，以守则固，以战则胜。

句五，“太平可致，决所施为”：天下百姓都在期望太平，只要皇上用力求贤，让其安于受任使命，修明纲纪，大兴礼教，则太平之治，犹如指掌之间。

《黼扆箴》是一首四言十六句箴言古诗，与范仲淹的《答手诏条陈十事》“三言”十事是一脉相承的，为仁宗急于推行。

四荐领军人物范仲淹

庆历三年（1043年）四月至六月间，蔡襄曾先后四次向仁宗举荐推行新政的领军人物范仲淹。

四月间，朝廷授予陕西沿边招讨使范仲淹、韩琦并为枢密副使。朝中有些人害怕这两位耿直之臣会损害他们的利益，便以西边战事未平为借口，千方百计阻挠他们入京任职。而范仲淹、韩琦也以西境未宁，战局为重，恳辞恩命。在此可上可下之际，蔡襄上书《论范仲淹韩琦辞让状》，说范仲淹、韩琦未肯受命枢密副使，可能正中朝中某些人的下怀。那些憎恨韩琦、范仲淹的人，列举出种种冠冕堂皇的理由，干扰调令。一是说范仲淹等威名已著，羌戎甚畏，今将离开边防重地，羌戎就一定会再来侵扰。二是说关中民情素所依赖，今既还朝，众失所望。蔡襄则针锋相对，既然羌戎害怕他们的威名，今在枢密使府衙，那正是讨论军事谋略的地方，他们的畏惧就一定会更厉害，这是其一。其二，范仲淹和韩琦以前在陕西，民既依赖，今在枢府，必陈利弊而行之，可依赖性就会更大。所以，蔡襄恳求皇帝能力排众议，同时也不要听信范仲淹与韩琦自己的推让之词，如果不能把二人都调上来，也应该是一人上来，一人留边。如果要问谁上谁留，蔡襄实话实说："仲淹宜来，琦当留边。"

五月，蔡襄对仁宗是否能顶住压力、重用韩琦和范仲淹仍不放心。再次上《乞用韩琦范仲淹》，指出皇上罢免夏竦枢密使，用韩琦、范仲淹作枢密副使，无疑是"去邪任忠"之举，举国上下无不欢欣鼓舞。这并不是一贤一邪就能关系天下利害，而是因为"一邪退则其类退，一贤进则其类进；众邪并退则众贤并进，而天下不泰者无有也"。国家在此多事之秋，更加需要依靠忠贤之士，"信任不疑，听其施设"。但愿皇上能"拔贤材，收众策，不惮改作，以成大功"。在蔡襄、欧阳修等人的极力举荐下，仁宗皇帝终于不改初衷，授予韩琦、范仲淹枢密副使之职。

随后不久，蔡襄第三次上书进一步推举范仲淹任参知政事，推行新政。参知政事为副宰相，与宰相、枢密使均可称为执政。

庆历三年（1043年）五月，蔡襄上《乞罢王举正用范仲淹》，力陈参知政事王举正才能拙下，不堪大任，建议启用范仲淹替代王举正为参知政事。

六月，蔡襄第四次上书推举范仲淹。他在《再论王举正》奏折中重申：参知政事王举正柔弱箴默，无补于时，特乞罢退。枢密副使范仲淹，才名德望素著于人，乞授予参知政事。希望皇上能动用君权，作出圣断。

王举正自觉无颜面立于朝廷，请求自我罢相，遂罢为礼部侍郎、知许州。范仲淹被授为参知政事。可是，范仲淹以“执政可由谏官而得乎”为由，固辞不受。事隔两个月之后，范仲淹还是接受了参知政事的任命，负责筹划新政事宜。

与新政人物同进退

庆历新政，以范仲淹任参知政事为标志拉开序幕。庆历三年（1043年）八月，范仲淹接受参知政事的任命。九月，朝廷颁布范仲淹拟就的《答手诏条陈十事》诏书，正式施行新政。然而，好景不长，到庆历四年三月，夏竦制造石介事件，新政已是名存实亡了，六月范仲淹回去担任陕西、河东宣抚使，标志着新政正式宣告结束，前后算来也仅有十个月。关于庆历新政很快失败的原因，概括起来有三条：首先是革新的面铺得太宽太大。可以说这次新政是一个涉及政治、经济、文化、军事等整个社会制度的全盘改革。过程中既没有选择改革的突破口，也没有分阶段的统筹计划，也就是说，缺乏一个有计划、分阶段、逐步推进的改革蓝图，而仅是一个包罗万象的诏令。其次是缺乏组织保证。虽说这场改革是仁宗亲自发动和领导的，有皇帝的“手诏”，具有一定的权威性，但没有设立一个强有力的机构来施行、监督和推进改革。实际上《答手诏条陈十事》在试运行时，就遭到各级官员的抵制，根本就没办法推行下去。最后，也是最重要的一条，就是仁宗皇帝未能及时识破和制止反对派的种种倒行逆施和阴谋诡计。

关于这一点，《续资治通鉴》有两则记载：一是反对派制造“朋党”论争。庆历三年（1043年）三月，吕夷简罢相，晏殊接任宰相，夏竦为枢密使。四月，台谏两院前后交章十八本告夏竦奸邪，复夺之，以杜衍替代任枢密使。同时提拔富弼、韩琦、范仲淹为枢密副使，欧阳修等人为谏官。时任国子监直讲的石介，是个乐善疾恶的人，对这次人事变动很是高兴，乃作《庆历圣德诗》一首以庆贺，称赞新提拔的这批人是著名的贤臣，重斥夏竦是奸臣。夏竦因此怀恨在心，伺机报复。他既恨石介，更恨杜衍、范仲淹等一批敢于直言的臣子。因此，夏竦与其同党私下大肆制造“朋党”论，把杜衍、范仲淹、欧阳修、蔡襄等列为“朋党”。

庆历四年三月，欧阳修作千古名篇《朋党论》，驳斥夏竦等人的胡说八道，为所谓的“朋党”正名。欧阳修的文论指出，不要把“朋党”视为洪水猛兽，其实，朋党之说，自古就有。大凡君子与君子以同道为朋，小人与小人以同利为朋，此自然之理也。其区别就在“道”与“利”之间，小人引以为朋的是利，君子引以为朋的是道。小人所爱好的是利禄，所贪求的是财货。君子所守卫的是道义，所践行的是忠信，所爱惜的是名节。所以，为人君者，当退小人之伪朋，用君子之真朋，则天下治矣。

夏竦及其同党见他们摇唇鼓舌的“朋党”论，没有达到预期的目的，岂肯善甘罢休，于是又从欧阳修的《朋党论》中寻词找

句，为己所用，编成一个新奏议，反咬昔日“四贤”并蔡襄结为朋党，牟取私利，把持朝政，堵塞言路。然而，他们的说辞，皇帝口头上表示不信，但心里难免存有芥蒂。

二是反对派伪作废立草诏。庆历四年六月，夏竦等人的复仇之心没有因为皇帝不信其制造的朋党论而泯灭，一计不成又生一计。见不能整体扳倒革新派，转而采取断其一指的战术。夏竦为解切齿之恨，选择拿与自己交恶而与富弼关系密切的石介开刀，以期达到进一步打击革新派的目的。他命家中女奴暗地偷偷模仿石介笔迹，伪造了一封石介写给富弼的信，内容是革新派计划废掉仁宗另立新君。对于这样的一个弥天大谎，皇帝虽然不相信，并把伪造者夏竦贬谪判亳州。但是仍然无法消除范仲淹、富弼的恐惧，他们“不敢自安于朝，皆请出按（按察）西北边。未许，适有边奏，仲淹固请行，乃使宣抚陕西、河东”。

与此同时，富弼也出任河北宣抚使，特别是欧阳修的外放，令蔡襄大失所望。《续资治通鉴》说，虽然外放欧阳修为河北都转运按察使，但仍保留原来正言、知制诰官职不变，又加授龙图阁直学士。行前，皇帝让欧阳修不要作外出久居的打算，有事仍然可以说来。欧阳修回答说，作为谏官是可以报告传闻之事，可是我今在外，若还弹劾指责朝政，按规定就是越职言事，这可是犯罪的啊。皇帝说，弹劾指责的事如果是合理的，不可以中外有别而推辞。

庆历四年（1044年）六月，蔡襄回家迎接双亲未果，返京后发现新政及其领军人物都处于风雨飘摇之中，人走茶凉。八月，蔡襄呈上《乞留欧阳修札子二道》，说了许多欧阳修不能走的话，但是仁宗仍然无动于衷、置若罔闻。同时，皇帝还改组了谏院，重新授命“以余靖知制诰、仍知谏院；以知谏院蔡襄直史馆、同修起居注”。蔡襄等为挽留欧阳修的最后努力宣告失败，这沉重打击了他的改革梦。于是他决定与范仲淹、欧阳修及其同道者同进退。十月，“知谏院蔡襄以亲老乞乡郡，授右正言，知福州”。

蔡襄任谏官，刚正忠诚，知无不言，日后与余靖、王素被世人并称“昭陵贤御史”。

詩之三

南劍州芋陽鋪見臘月桃花　皇祐二年十二月外除赴京

可笑夭桃耐雪風山家墻外見疎紅
為君持酒一相向生意雖殊寂寞同

書戴處士屋壁

長岡隆雄來北邊勢到舍下方迴旋
三世白士猶醉眠山翁作善天應憐
如彼發源今流泉兒孫何數鷹馬然
有起家者出其間顧翁壽考無窮年

題龍紀僧　居室

山僧九十五行是百年人焚香猶夜起
憙酒見天真生平持戒定老大有
精神耶須知不變者耶滅故時新

第四章

知福州

蔡襄心系民众，在福州任上，他兴办教育、修复五塘、禁止巫医、监制贡茶、种植松树、奏减丁米，每一件事，都合乎百姓的切身利益。

从庆历四年（1044年）十月授命知福州，到皇祐二年（1050年）十一月回京复职，是蔡襄“三上三下”仕途生涯的第一下，头尾历时7年。其中在京耽搁几个月，任福州知府两年多，任福建转运使近两年，回家丁父忧两年多，在职守上实不满5年。但蔡襄为官一任，造福一方，在福建办了许多深受百姓欢迎的好事和实事。

第一节　乞乡郡知福州

延请名师办教育

庆历五年（1045年）一月，蔡襄拖家带口、七赶八赶在路上走了一个多月，二月到家迎奉双亲，三月举家去福州上任。

蔡襄上任后办的第一件大事，是延请名师，办教育，劝学兴善，启迪民智。他举荐当地名儒（一说进士）周希孟为本州书馆教授，开班讲学。周希孟字公辟，侯官人，是一位学贯古今的理学大师，和当时的名人陈襄、陈烈、郑穆并称为“海滨四先生”。《皇朝编年纲目备要》说，蔡襄知福州，荐进士周希孟为本州教授。闽士多好学，而专用诗赋以应科举。蔡襄得先生周希孟，以经术传授，学者常至数百人。蔡襄还亲自到学舍，执经讲问，为诸生员表率。此外，他还延请处士陈烈，尊以师礼；陈襄、郑穆以学问和德行著称，蔡襄都“折节待之”。

根据欧阳修撰写的《端明殿学士蔡公墓志铭》，蔡襄在福州延请名师传经讲学，似乎是在第二次知福州任期内的事。但从陈均编撰的《皇朝编年纲目备要》和当时教学的内容上看，当是第一次知福州时办的事。因为从讲学的内容看，正是庆历新政有关“精贡举”的要旨：为了培养有真才实学的人才，必须改革考试内容，把原来进士科只注重诗赋改为重策论，把明经科只要求死背儒家经书的“墨义”（即科举考试时士子笔答经义），改为要求阐述经书的意义和道理。蔡襄是以自己的实际行动，率同“海滨四先生”践行庆历新政的有关条令，为福建开辟了一代新学风，具有深远的影响。这一举措首先受益的是周希孟自己，他的长子周思、孙子周伟、曾孙周擢和周抡，“三代四进士”，名垂青史。

修复五塘禁巫医

蔡襄上任后办成的第二件大事，是修复古五塘。蔡襄上任后不久，就遇上福州大旱。六月六日，他率民祷雨于缮溪庙，读完祷文，即大雨滂沱，又成泽国。面对福州旱涝两害，他深入民间调查，寻求解决办法，仔细研究了福州水势流向的地形地貌，终于找到了解决旱涝两害的办法，那就是修复古五塘。福州的古五塘地处原东湖，晋代福州筑城取土，同时挖凿了东湖和西湖。东湖位于福州的东北部，方圆23里。宋庆历中，东湖已近于淤塞，东北诸山自莲花山、北岭、长箕岭、升山、凤池、贤沙，数十里溪流无归宿，每逢淫雨，便为泽国，偶遭亢旱，则涓滴无水。蔡襄得知五塘淤塞是祸害，认为必须重修五塘。在征求民众意见时，得到民众的积极支持，“乡民愿自捐资开之”。古五塘修复后，雨季可将东北山的溪水纳于湖塘，旱季可引湖水灌溉农田，抗旱防涝一举两利。

蔡襄上任的第二年，办成的第三件大事是颁布《圣惠选方》医药验方，禁止巫医继续害人。闽人的旧风俗是左医右巫，生病家人依靠巫医求鬼神治病，而上门求医的人不过十分之二三，所以医生治病的传承日益减少。蔡襄任上大力改变民众这种医盲状况，普及大众医学知识，禁止巫医。他找来国颁医药书《太平圣惠方》，交予福州名医何希彭验方精选。《太平圣惠方》是太宗皇帝赵光义于太平兴国年间，诏令医官王怀隐与副使王佑、陈昭遇、郑奇等编修的医药方书。王怀隐与同事们收集、检验并分门别类整理医药验方，经过14年的努力，于淳化三年（992年）二月成书。宋太宗亲自写序，题名为《太平圣惠方》，简称《圣惠方》。是年五月，朝廷将该书刻印出版，颁发全国，下诏各州设医博士掌管。可是州郡承接之后，却束之高阁，数十年来百姓都没有从中受益。

庆历六年（1046年），何希彭接受蔡襄的委托，谨慎自守，选其精要，辑成《圣惠选方》。蔡襄为之作《〈圣惠方〉后序》，并刊刻出版，公布在衙门左右，供公众抄录，并刻碑立于府衙右侧何希彭家门口，责其释义传授。借此既可以把皇帝赐颁《圣惠方》的恩泽推广到下层民众中去，又可以告诉他们依赖巫医是错误的，使医疗回归科学之道，是“刺史之要职也”。《圣惠选方》作为一套医学实用教科书，此后应用了数百年后失传，足见其影响之广大和深远了。

与此同时，蔡襄还创办了福建第一座医学堂，选择聪明伶俐者，教以医药，为民治病。医学堂设在虎节门西总门之东，与《圣惠选方》石碑相对。

屋漏法，乃是书法术语，意指下笔不可直下，须如屋漏之雨水蜿蜒下注。

建亭修园与民乐

蔡襄是位学者型的清官，既是官员、管理者，精于吏治；又是诗人、书法家，富有情趣。人文景观的建设，可以说是蔡襄治理州郡的副产品。

任福州知府的两年间，在忙于政事之余，蔡襄也常与苏才翁切磋书法。苏才翁名苏舜元，是苏易简之孙，与弟弟苏舜钦（即苏子美）一起，祖孙三人并称为四川“铜山三苏”，都是著名书法家。他七岁即能作诗歌，后赐进士出身，然而仕途不畅，怀才不遇。蔡襄知福州，苏才翁为监丞，相随两年，相得益彰。苏才翁擅长草书和隶书。蔡襄自己说草书得益于苏才翁的“屋漏

灵源洞

国师岩

忘归石

法”。苏才翁比蔡襄大6岁，常以兄自居。蔡襄与苏氏兄弟相交深厚，他不仅与苏才翁切磋书法，还经常与他邀友登山游园，作诗题刻。如鼓山灵源洞石壁上字径三尺的“忘归石”“国师岩”等均是这一时期的题刻。蔡襄在《游鼓山灵源洞》诗中，就有“挥毫划峭壁，视力忽惊触”这样关于题名石壁的诗句。在灵源洞石壁上至今还留有：“邵去华苏才翁郭世济蔡君谟庆历丙戌孟秋八日游灵源洞”等题名字刻。

蔡襄重视福州的人文景观建设，修建春野亭、双松亭和东野亭等多座亭阁，供百姓游玩娱乐、陶冶情操、登高望远，领略福州山光水色。蔡襄在春野亭落成会上，咏唱《新作春野亭》诗一首，道出了春野亭的文化底蕴：

太守职民治，诏书劭吾农。
载酒事缅邈，作室当廨中。
况凭轩牖高，中视田野功。
澹淹沐新泽，依微生柔风。
江潮涨新绿，山麓延朝红。
耕锄时节动，歌谣声意通。
惭非共理材，幸遘频年丰。
未厌畎亩乐，驾言谁相从。

品味诗意，在亭子上所看所想农家丰收景象，怎能不令人心旷神怡！

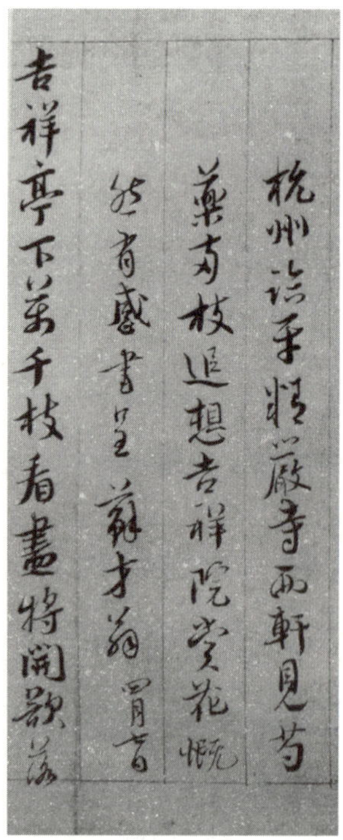

蔡襄字帖《呈苏才翁》

蔡襄还开放“春台馆”，让百姓踏青。“春台馆”本是福州府衙的官方花园，专供州官及其同僚观赏消遣，禁止百姓入内。蔡襄知福州时，每年二月春花含苞待放时，即开放州园一个月，让民众入园踏青、游园观赏，显示州官与民同乐。为此，蔡襄曾吟诗两首以志之。

诗一云：

风日朝来好，园林雨后清。
鱼游知水乐，蝶戏见春情。
草软迷行迹，花深隐笑声。
观民聊自适，不用管弦迎。

诗二云：

节候近清明，游人已踏青。
插花穿戟户，酤酒向旗亭。
日迥林光润，风回海气腥。
未知何处乐，归路已严扃。

蔡襄这两首《开州园纵民游乐》诗，如实地描写了春日官民在州园里，尽意踏青游园，观赏林光水色，欢声笑语，乐不知返的情景，表达了与民同乐的快乐心情。

蔡襄心系民众，总是利用各种机会深入民间，了解民间的疾苦。每逢节日，如寒食、四月八佛生日等，他也会前往西湖和寺庙等游人、信男信女众多的地方，了解民情民俗，或是与民同游园，或是与信徒同祈求。

第二节　福建转运使任上

监制贡茶

庆历七年（1047年）三月，蔡襄罢知福州，改授福建转运使。宋朝转运使号称“漕司”，掌管一路财赋收入，兼管边防、刑狱及考察该路地方官吏和民情风俗等职。因其职权很大，故多由朝廷重臣兼领。由于管辖的范围扩大了，蔡襄能做该做的事情也就多了。

接任福建转运使后，他做的第一件大事是前往建瓯实地考察北苑御茶园，有《北苑十咏》诗为证。从“出东门向北苑路”到“北苑”，从视察“茶垄”到观看“采茶”，从探究“造茶”到品尝“试茶”，从参观“御井”到考察“龙塘”，从临“凤池”到登“御茶亭”。自采茶时节进山到茶饼封箱进贡，蔡襄经历了制茶工艺的全过程，历时三个多月。

北苑贡茶

蔡襄此次上武夷山所作的一大贡献，是制成新款贡茶小龙团茶饼。建安北苑御茶园，是当时朝廷贡茶的主要生产基地。当时规模很大，有官焙32个，但制成的茶饼却不多，能上供的贡饼就更少，每年不过几十个。蔡襄对贡茶的主要贡献，体现在：一是改变大小，把过去八饼合一斤的大团茶茶饼，改为二十饼合一斤的小团茶茶饼。二是改变材料，把以前新旧、老嫩不分，改为以新鲜嫩茶芽为原料精制而成。三是改变形状花色，把以前千饼一体改为多样性，在茶饼表面用阴阳模具印

龙团凤饼茶

上龙凤图案，边缘还设置花草图案。茶饼形状除圆形外，还有椭圆形、四方形、菱形等，把茶饼艺术化。新型茶饼小龙团一面世，就受到各方的青睐，特别是受到仁宗的喜爱。欧阳修说，小龙团其品绝精，仁宗尤为珍惜，即使是辅相大臣，也不肯轻易赏赐。于是，福建北苑小龙团茶饼名声大噪、誉满京师，年进贡数量大增，建茶名声日益见增。

请旨修复莆田五塘

庆历八年（1048年）三月，蔡襄巡视莆田米仓南北洋，发现沿海大片盐碱地抛荒。蔡襄旋即访问诸多农户，得知这一大片盐碱地原来也是产粮的农田，有一千余顷，八千余户以此耕种为业。只是因为浇灌它们的五塘，被以陈清为首的一些农田大户贿赂官府，先后占为己有，去水为田，旧日依靠塘水灌注之地尽皆焦旱。但州县又不肯放弃或减免税赋，以致人户逃离。现在仍居住这里的农户，只能刮土煎盐（即用田里的表层的土熬盐）以勉强度日。百姓打官司，州县徇私枉法，一向打压百姓，不但不予申理，反而构陷冤狱。

为了伸张正义，保护农民利益，蔡襄决定请旨复修五塘。在《乞复修五塘札子》里，蔡襄向皇帝陈述了莆田五塘的地理位置，它的功能，官户勾结霸占五塘、泄水为田的历史过程，以及造成的严重后果。同时，他还就五塘存废的利害得失，作了极其鲜明的比较说明：原先五塘灌溉一千余顷，受益八千余家，而决塘为田以来，获利的只有三十余家。从国家租赋收入上说，每年失去的是千顷租赋，得到的只有百顷租赋。两相比较，存废利害一目了然。不要说仁宗是个明君，就是再糊涂的君王也会赞成修更戍法，是军队轮流变换驻地，军队经常变换将领，以防止地方官和将领分立割据、拥兵自重对抗朝廷。

复五塘。

蔡襄为民请命，复修五塘，解救了八千余家的受困农户，恢复和发展了莆田农业生产，受到当地人民的拥护和爱戴。

奏减丁米税

漳州、泉州、莆田三地的丁口税，以及福建厢军远戍广南问题，是长期压在蔡襄心头的两件大事。还在任漳州军事判官时他就提出“温陵（泉州）、临漳（漳州）、莆阳（莆田）三郡之民岁输镪（银子）以税其身”的问题。在任西京留守推官时他再次提出“泉南（泉州）、临漳、莆阳三郡税丁事”。前者是在《上运使王殿院书》中提及，后者则是在《上庞端公书》里专论。他们两位都任过福建转运使，都是对减轻三郡丁口税说得上话的大臣，所以蔡襄或是向他们报告，或是委托他们代为呈报朝廷，因为当时蔡襄位卑言轻，没有直接禀报朝廷的资格。现在就不同了，自己也是福建转运使，提出这个问题就名正言顺、责无旁贷了。但毕竟事隔多年，情况有没有发生变化，仍要重新考察。于是，蔡襄从武夷山回来后，就一路从福州到莆田、泉州、漳州等地视察，发现问题依然如故，没有得到任何解决。这样，蔡襄就决定直接上书皇帝《乞减放漳泉州兴化军人户身丁米札子》。

蔡襄在札子里，详细说明了漳泉莆三地丁口米的来龙去脉，指出这是一个历史遗留问题。还在漳泉二地包括莆田（当时莆田归泉州管辖）并入大宋版图前，就把丁钱折变为米，人户年五斗，到原南唐泉州观察使陈洪进献州归顺朝廷后，沿袭纳米不纳钱的旧例，折合宋斗七斗五升。但南方地狭人贫，终年受雇劳作，所得的工米也仅仅只能够交纳身丁数。其间不能交纳的人，父子流亡，逃避他所。更有甚者，为了逃税往往生子不报。人情发展到这地步，实在是可悲可叹！问题还在于，真宗皇帝哀怜百姓穷困之弊，曾下旨减免两浙、福建六路身丁钱45万贯。其时，漳、泉、莆三郡主政者认为，圣旨只说减免丁钱，没有说减免丁米，所以依旧课纳。蔡襄注意到丁米也是由丁钱折算而来的，只是无人论奏，遂使先朝大惠不及三郡，三郡百姓引领北望，迄今40年矣。札子是递上去了，但问题并没有解决。因为札子被朝中经办者扣押不报。直到蔡襄二次返京查问此事时，才得以解决。

就近屯军奏

与此同时，蔡襄还上呈《乞厢军屯驻广南只于此近军州节次那移对替札子》，这也是一个老大难的问题。宋代为了防止地方兵变，采取很多办法来限制地方官和军队将领手握重兵，“更戍法”便是其中的一种。北宋军队分为禁军和厢军两种，禁军是北宋的正规军，主要用途是“天子之卫兵，以守京师，备征戍”；厢军是北宋的地方部队，取“驻扎城厢”之意。按照北宋的兵役制度，各地的精兵收归中央，编入禁军，剩下的老弱士兵留在本地，称为“厢军”，但这些厢军必须异地驻扎，主要是从事各种劳役，因而也称为“役兵”。无论是禁军还是厢军，按更戍法规定：一是“兵无常帅，帅无常师”，二是“地无常兵，兵无常

地”。福建的厢军必须驻扎在千里之外的广南。

福州的厢兵被派遣到广南诸州屯驻，复员回来时，死损过半，前后六七次，都是这样。蔡襄分别询问从广南多处归来的兵士。他们说，到了广南之后，又被分到离本营八十程（一天为一程，即步行得走80天）的边远地区。为什么士兵死损那么多呢？主要是水土不服、沾染瘴毒的缘故。如果能改为在就近的州屯驻，十多天的路程，不出乡里，再加上熟悉风土，死损就会减少。因此，蔡襄提出就近屯驻的建议。

栽植夹道松七百里

蔡襄是福建造林绿化的先行者。他在知福州的任上修古五塘时，就开始广植榕树。

当时天气炎热难忍，人们盼有遮阴避暑处。蔡襄认为栽种榕树是最佳选择，一是栽种容易，不需育苗，只要从现成榕树上截下一段碗口粗的枝干，插种即可成活。二是榕树的树冠大、枝粗叶密，是乘凉的好树种。于是蔡襄就在福州及闽县广栽榕树。

两年后，蔡襄种植的榕树就绿上枝头，于是蔡襄又把这种榕树当作路树，引上福建官道两旁。从福州郊区的大义渡口，经莆田、泉州，直达漳州，全程700里，官道两旁都栽上榕树。这是一个浩大的工程，建设一条700里长的林荫大道，确实蔚然壮观，惠及子孙后代。莆田及闽南一带的百姓，从古至今都把这种榕树俗称为松树。后人为纪念蔡襄植“松”700里，在民间到处传诵着这么一首民谣：“夹道松，夹道松。问谁栽之，我蔡公。行人六月不知暑，千古万古摇清风。”宋史《蔡襄传》也记载蔡襄“植松七百里以庇道路，闽人刻碑纪德”。

在蔡襄的倡导下，福州民众植松得到实惠。二十多年后，治平四年（1067年），张伯玉知福州时，再次发动市民广栽榕树，令市区内所有大路两旁的住户，浚沟6尺，外植榕树，榕树成活后，岁寒不凋，绿荫满城。随后，福州遂有榕城之称。后世常把福州种植榕树归功于张伯玉，殊不知，张伯玉只不过是蔡襄的“种松绿化”政策的继续而已。

第三节　丁父忧，守孝节

庆历八年（1048年）十月，蔡襄的父亲蔡琇在家病逝，享年75岁。蔡襄遵循丧制，报请朝廷核准，回家守制3年。常言道，自古忠孝难两全。而蔡襄却能破解这个两难选择。“蔡襄蔡襄，本

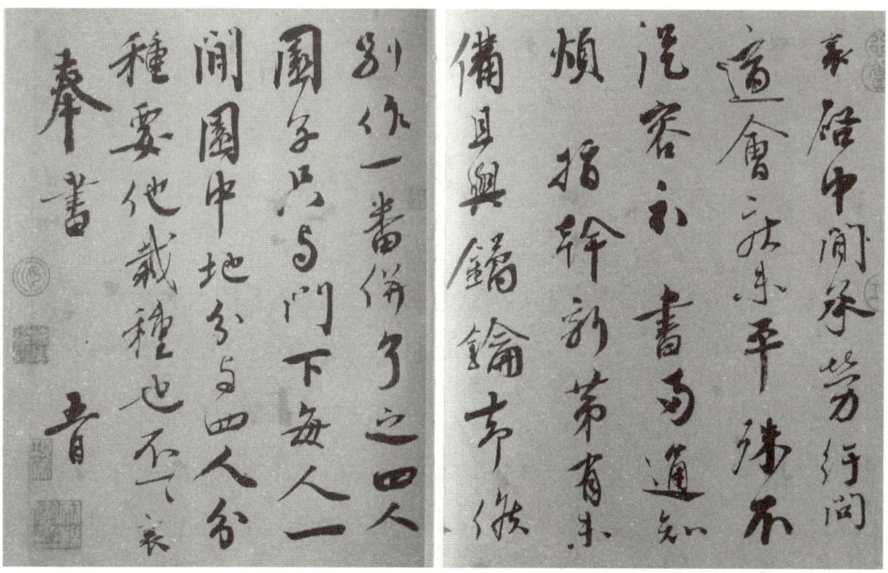

蔡襄字帖《纡问帖》

府为官”的一个重要原因，就是为了照料年迈的双亲。

庆历元年四月，蔡襄就任京官满一年即告假回家探亲，看到父母都年过花甲，孝心不忍，便产生了就近养亲的念头。回京后，得到仁宗的厚待，破格授予谏官之职，蔡襄一方面忠于职守，做一个谏官所能做到的事。弹劾宰相不留情面，痛斥奸邪不顾后患，推举贤良不遗余力，言灾异，论军情，进尽忠言；另一方面则孝心不减，做一个孝子所应尽的责任。

庆历三年冬，蔡襄以双亲年迈，第一次正式向皇帝提出“便郡养亲”，要求调到靠近家乡的州府任职。皇帝不答应，只准他回家把父母接到京都侍奉，但最终因为父母年老不愿远行而不能如愿以偿。不过也做了两件遂父母心愿的大事。第一件事，是把客死他乡的弟弟蔡高的灵柩运回老家安葬。亡弟魂归故里，去除了父母的一块心病。第二件事，是盖房子，在家逗留三个月，他在莆田城南为父母盖了一栋五间厅双座的新居。

丁父忧

历史上有许多人慑于古制难违，不得不回家服丧，但其心并不在丧痛上。或是不甘寂寞，到处奔波，迎来送往，总离不开名与利的考虑；或是把它作为一个韬光养晦的蛰伏期，随时窥测朝廷动静，心思总离不开官场。蔡襄则是超凡脱俗，二者皆可抛。一心服丧，满目皆空。从蒋维锬编撰的《蔡襄年谱》上看，在蔡襄丁父忧的3年间，除逢节日上坟祭拜外，就是在家守灵牌，闭门不出。有文字可查的活动，也只有寥寥三五事，主要是两封答谢信、一个墓志铭、两篇祭文。

两封答谢信，即《致公济书》《与博士陈君书》。它们的一个中心话题，是告诉好友，闭门服丧要过寂寞愁苦的日子，并感谢朋友的问候。

一个墓志铭，即撰写《尚书都官员外郎致仕叶府君墓志铭》。这是蔡襄答应仙游老乡、泉州户曹（主管户口农桑等事务）叶任的请求，为其父亲撰写的墓志铭。在这里，蔡襄提出撰写墓志铭应该遵循真实可信的原则，做到当今见者可以相信，后人闻之没有疑问。蔡襄这里提出的原则，做到不仅是对死者的负责，也是对活人的要求。

两篇祭文，悼念亡友，情深义重。一篇是《祭陈比部文》。陈比部即是陈汉卿。他曾任的比部，是刑部属下的一个司，主管法制，故称陈比部。他是蔡襄的故旧，在京都时，他们常有来往，他要回四川老家时，蔡襄还曾经在京城西郊大道旁为他饯行，并作了一首《送别陈比部》的诗，送给他作为留念。另一篇是《祭苏子美文》。苏子美即苏舜钦，宋朝著名的诗人和书法家，是欧阳修、蔡襄等庆历新政的难兄难弟。

皇祐二年（1050年）十一月，蔡襄守孝期满，被召赴京复职，他把78岁高龄的母亲卢老夫人带在身边，一起上京赴任。蔡襄孤子侍单亲，不离不弃，十五年如一日细心照料。他凡事总是以母亲为重，比如母亲思归，他就辞去开封府要职，求知泉州；再如母亲身体欠安，他就不顾英宗皇帝翻脸，经常早朝告假在家侍奉娘亲起漱等等，尽到一个孝子所应尽的职责。

沉山平逕迷，飄飄乍投花，點點輕。玉樓天上出，銀闕海中生。蒔拖搖溶態，閑餘漾漾容。爐何暇煖，官酤去未能醒。落吹飄渚春，凍新暘破曉晴。更登千疊嶺，南望不勝情。

福州寧越門外石橋看西山晚照

寧越門前路，歸鞍駐石梁。西山氣色好，晚日正相當。

杭州臨平精嚴寺西軒見芍藥一枝，追想吉祥院賞花，慨然有感，書呈 蘇才翁 胃肯

吉祥亭下萬千枝，看盡將開欲落

第五章

知开封，精吏治

臣闻民为邦本，本固邦宁。又闻财聚则民散，财散则民聚，是知民不可不恤，财不可不通。若专奉公家，不究民病，所得则寡，其失则多。

从皇祐二年（1050年）十一月回京复职，到至和二年（1055年）二月求知泉州，是蔡襄“三上三下”仕途生涯中的第二个上，头尾历时6年。扣除入京途中辗转，实则不满5年，其中复任谏官右正言，兼判三司盐铁勾院，2年；知制诰兼判吏部流内铨，2年，任开封知府不满一年。这5年，蔡襄充分展示了他精于吏治的胆略与才能。

第一节　复任正言谏官，兼判勾院

当殿进言救唐介

皇祐三年（1051年）九月，蔡襄到京碰上的第一件大事，是殿中侍御史里行（见习）台副唐介坐贬。事件的缘由是，早先皇帝授予张贵妃的伯父张尧佐四项官衔：宣徽（总领内廷事务）、节度（节度使，无职掌，虚衔）、景灵（掌内侍）、群牧（管理马政事务）四使，遭到包拯、唐介、王举正等官员的坚决反对。皇帝不得不收回了宣徽、景灵二使的任命。可是，时隔不久，到了九月又重新授予宣徽使之职，并知河阳。朝廷议论纷纷，有人说，含衔补外不值得争论，唯唐介独争之。唐介认为，补外是个借口，皇帝为了实给予宣徽使而借知河阳之名。皇帝告诉唐介，提出授命的是中书省。唐介说，那就应该斥责宰相文彦博。于是，唐介上书状告文彦博与张尧佐狼狈为奸，利用张尧佐亲侄女（也是文彦博的义侄女）张贵妃结党营私。奏书中说文彦博知宜州时，制作一幅用金线织成的灯笼奇锦，托人带入宫中献给张贵妃，因此才被提升为参知政事；又因贝州平贼有功，遂升为宰相。揭发文彦博自掌权以来，拉帮结派，在所有重要部门安插亲信，排斥异己，“宜早斥罢，以富弼代之”。唐介把奏折递上去，皇帝大怒，连看都不看就掷回，并说将重加贬窜。硬骨头的唐介则顶撞道，即使遭鼎镬（古代一种酷刑，用鼎镬烹人）之刑也在所不辞。气得皇帝急召两府上殿面谕：“介言它事乃可，至谓彦博因贵妃得执政，此何言也！”唐介也不甘示弱，当场质问文彦博，文彦博自觉无颜，请求辞退。皇帝下不了台，枢密副使梁适趁机叱赶唐介出殿。皇帝命令把唐介交由御史台处理。文彦博亲自出面求情说：“唐介是台官，言事是他的职责，希望不要加罪。”但皇帝还是把唐介谪贬为春州别驾（即副知州）。

当时，皇帝怒不可遏，群臣都不敢劝谏，只有蔡襄进言：“唐介心直口快，但虚心纳谏是帝王的大德啊！”蔡襄一方面肯定皇帝能“容受尽言”的恩德，另一方面则专门写了一个《乞寝罢唐介春州之命》的奏折，细说“寝（停止）罢唐介春州之命”的理由：一是唐介春州之命，是必死之谪。因为春州是个险恶的地方，又路途遥远，此去必死无疑，这样的责罚太重。二是唐介是个御史台官，他有责任举报执政者的亏心事，然而如今却获此重罪，令执政者何以自安？实际上，文彦博已经当场道歉并替唐介求情，矛盾已经和解了，就不必再较真了。三是因为唐介是独自一人得罪宰相，所以两府同列各处大臣为避嫌疑，都不肯也不敢出来解围。四是唯有皇帝能救唐介，只要皇上稍许消气，以国体为重，就能追寝唐介春州之行。最后，蔡襄说：“既为谏官，岂能见视不管。”

随后，御史台长官王举正也上疏求情，说处罚唐介太重。御史知杂陈升之则说，像唐介这样的耿直之臣，当朝能有几个，如果被发放瘴疠之地，今后谁还敢上书言事呢？由于蔡襄等言臣的力谏，皇帝有了悔意，终于命朝堂告谕百官，改判唐介为英州别驾，复收其奏折存档。为平息朝廷这场风波，皇帝一是派遣殿中使者护送唐介至贬所，以免死在途中，背上杀直臣的恶名。二是罢免文彦博的宰相之职，贬知青州，连同“表里观望”的谏官吴奎也被逐出朝廷。在这场风波中，蔡襄不仅救了唐介，也使唐介名声大振，受到满朝文武官员和士大夫的尊敬，称他是真御史。事后不到两年，他又被调回京，官复原职，到神宗时，官至参知政事。

兼判勾院论财用

蔡襄回京复职的第二件事，是授职兼判三司勾院。因为当年，朝廷发生严重的财政危机，物价飞涨，粮草的价格，大概虚估居十之八。朝廷既拿不出更多的粮草来平抑物价，又没有足够的粮草养活边境众多的兵马。于是，皇帝着令三司研究解决这个财政难题。大概就在这个时候，人们想起了蔡襄曾经给皇上上过一本《论财用札子》，因而把他推上兼判三司勾院的位子上。

《论财用札子》是蔡襄于庆历四年（1044年）四月写的，目的是为革除弊政、推行新政的必要性和紧迫性提供财政方面的佐证。庆历新政失败后，国家的财政问题不但没有得到解决，反而更为严重了。究其原因，还是蔡襄在《论财用札子》里所揭示的种种弊病。

仁宗皇帝曾经诏示三司两条财政指令：一是收无暴横而公（朝廷）需足，二是民无愁痛而国用丰。蔡襄说，皇上这个公私两顾的指令很好，而实际上“陛下恤黎庶之心翻（反而）无实三司，宋时以盐铁、度支、户部为三司，主理财赋。是仅次于中书、枢密院的重要机构。

事，海内仰朝廷之令悉是空言。首尾多端，其病安在？”在这里，他把“民间疾苦之情，天子未闻之事，俱合陈述”如下：

财用乱象的种种表现：第一，防务军需费用有增无减。不时征收各种费用，没有名目的兵赋兴起。谋私利的官员应运而生，犯奸作案从中猫腻者层出不穷。第二，土地税赋管理不善。由于收税人员经常调动，土地应征税额，有无交纳不得而知。管理仓库的官员，进出给纳唯利是图。第三，贪者与吏通谋危害百姓。贪墨者同官吏合谋，全力编造索取名目，用以欺骗蒙蔽贫苦百姓。第四，夺取富豪之家归公，当权者置之不理，致使富豪之家陷入破产流离之苦，十室九空。第五，资源浪费严重。争求目下微小之利，不为今后长久之谋。

蔡襄分析财用乱象，是因为“朝廷推赏不责其实（奖赏不究实际）之所致”。他认为各级官员负有不可推卸的责任，首要责任人是三司使。加倍增添户口税，卖官田；欠商人的汇兑钱款不还，配物于不产之地，严格限定可缓之期。如此之类，三司之过也。中间责任人是转运使。借买银绢之名，预先按青苗折算收取田亩税赋，逼迫纳钱，美其名曰劝诱；低估高价物品，官取赢余。如此之类，转运使之过也。直接责任人是郡县官员。贫富不均，奸贪不禁；妄为退还剥夺，故意滞留不办；杀牛纳皮，仍然科以重罪；百姓耗尽家产打官司，更是侵害亲戚邻里。如此之类，郡县之过也。

如果继续这样无休止地盘剥百姓，国家不乱才怪呢！

蔡襄在兼判三司勾院的任上，做的最顺心的事，是二十年如一日三番五次提出的奏减漳泉莆三郡丁米税终于获准。蔡襄这次返京复职，心中念念不忘的一件事，就是无论如何必须搞清楚，为什么漳泉莆丁米长期得不到解决。事有凑巧，在解决了唐介的问题后，长期不作为的宰相文彦博解职出知许州，枢密使庞籍升任宰相。蔡襄和庞籍一拍即合，有关部门再想卡也卡不住了。皇祐三年（1051年）十一月，皇帝下旨："自今泉州、兴化军旧纳七斗五升者，主户减二斗五升，客户减四斗五升；漳州纳八斗八升八合者，主户减三斗八升八合，客户减五斗八升八合，为定制。" 终于解决了自五代以来一直存在的漳泉莆三郡丁米税负过重的问题，使得三地民众获得了一次小小的解放。

君臣论茶，写《茶录》

《茶录》是蔡襄撰写的一部重要论著。蔡襄决定撰写《茶录》，是君臣宫中论茶直接引起的。仁宗爱茶，特别爱喝蔡襄监制的小龙团茶。皇祐三年（1051年）十一月，仁宗首次当殿问及茶事，夸奖蔡襄的小龙团好，此后又屡次赞扬他任福建转运使时所进贡的上品龙团茶最为精好。每次下朝后，蔡襄总是唯茶叶是念，他想既然皇上首推小龙团茶，鉴为第一，如果能

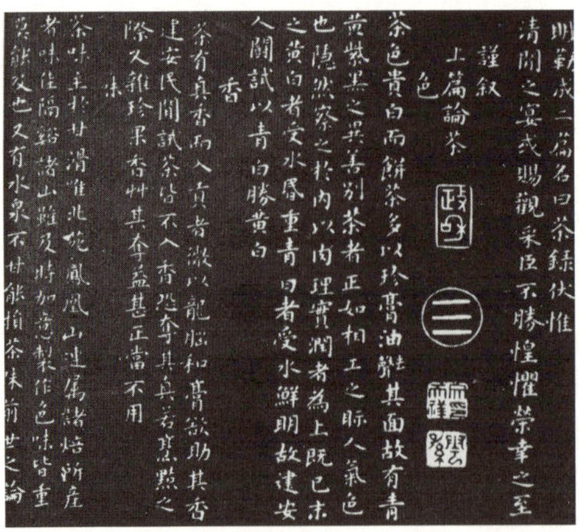
明勒成二篇名曰茶錄伏惟清閑之宴或賜觀采臣不勝惶懼榮幸之至謹敘
上篇論茶
色
茶色貴白而餅茶多以珍膏油其面故有青黃紫黑之異善別茶者正如相工之視人氣色也隱然察之於內以肉理實潤者為上既已末之黃白者受水昏重青白者受水鮮明故建安人鬬試以青白勝黃白
香
茶有真香而入貢者微以龍腦和膏欲助其香建安民間試茶皆不入香恐奪其真若烹點之際又雜珍果香草其奪益甚正當不用
味
茶味主於甘滑惟北苑鳳凰山連屬諸焙所產者味佳隔谿諸山雖及時加意製作色味皆重莫能及也又有水泉不甘能損茶味前世之論

蔡襄《茶录》

把皇帝的赞赏和福建产地结合起来，则可以发挥更大的效用，遂生创作《茶录》的念头。

况且，虽说茶只是草木之微，却是宋朝财政收入的重要支柱之一。盐铁茶是国家三大财源，实行专买专卖。特别是茶禁为严，“天下茶皆禁”。宋榷（专利）茶专卖之制规定：凡茶农的所有茶叶都由官府收购专卖，若有藏匿或私自贩卖者，全部没收归公，并计其值多少论罪轻重；宋之初，主管茶叶的官员若私以官茶贸易，价值一贯五百文就判处死刑。后来有所放宽，论值十贯以上黥面收监坐牢；凡结徒持械贩易私茶，抗拒逮捕者，全部判处死刑。无论公与私，凡有卖伪劣茶者，一斤杖一百，二十斤以上弃市（判死刑）。茶叶作为官方的垄断商品，价格比较稳定，甚至是不变的，往往被作为货币的比价物，类似于当代的金本位。

蔡襄撰写的《茶录》，也可以说是他监制小龙团茶的副产品。曾作为福建路转运使的蔡襄，负责北苑贡茶的监制。经过一番研究，他创制的“小龙团”茶成为茶中极品。与此同时，他也积累了大量的有关论茶和茶器的资料。这次宫中论茶，皇帝多次问及福建名茶，撰写《茶录》的事也就自然提上日程。

《茶录》的价值还在于填补茶论史上的一些空白。在茶论史上，唐代陆羽写就的《茶经》将唐代全国茶区的分布归纳为荆州之南、浙南、浙西、剑南、浙东、黔南、江西、岭南等八区，并论及各地所产茶叶的优劣。但其中并没有提及福建建安茶，究其原因是建安北苑建茶是后起之秀，其驰名于唐末，五代王审知治闽国时才成为贡茶。北宋丁谓在任福建路转运使时，注重制茶技术的改进，所制“大龙团”饼茶，誉满京华，号为珍品。咸平二年（999年），丁谓编撰三卷本图文并茂的《北苑茶录》，人们简称之为《茶图》，独论采制之事。蔡襄说：“昔陆羽《茶经》不第（没有排上）建安之品，丁谓《茶图》独论采造之本。至于烹试，曾未有闻。臣辄（擅自）条（分别陈述）数事，简而易明，勒成两篇名曰《茶录》。”为了填补陆羽、丁谓留下的空白，蔡襄撰此《茶录》二篇，上篇论茶，下篇论器，为宋代茶饮奠定了理论基础，也成为后世描摹的范本。

第二节　知制诰拟诏书

奉旨书《奉神述》

皇祐四年（1052年）九月，蔡襄升任知制诰、起居舍人。皇帝授予他三品官印。

仁宗皇帝一爱蔡襄的茶，二爱蔡襄的字。还在康定元年（1040年）春，仁宗就爱上蔡襄的字，命他书《无逸篇》，置于延义讲读阁。皇祐四年十二月，仁宗要重新布置讲读阁，先是在迩英阁讲读《尚书·无逸篇》时说：“朕深知享国之君宜戒逸豫（安逸欢愉）。”于是，有人建议把延义讲读阁里旧有的《无逸篇》，移放到迩英阁屏中间。仁宗说，朕不愿意坐席背向圣人之言，应当另书写放在左边。随即命侍读学士兼侍讲学士王洙书《无

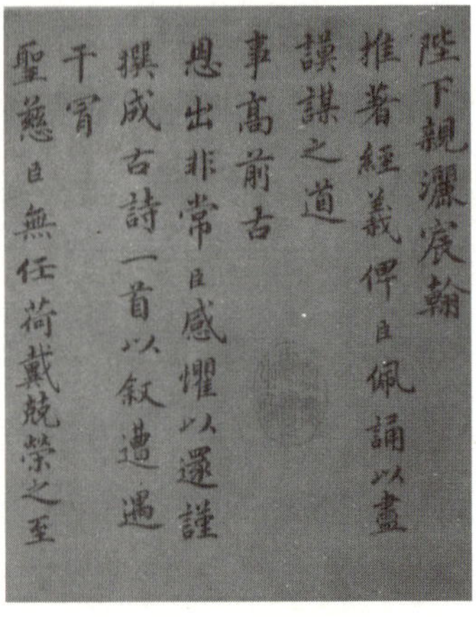

蔡襄字帖《谢赐御书帖》

逸》、知制诰蔡襄书《孝经》放在左边；命丁度取《孝经》里的《天子》《孝经》《圣治》《广要道》四篇对为右边。又命翰林学士承旨王拱辰为左右两图作序，命蔡襄书之。

皇祐五年秋，蔡襄受命摹写真宗皇帝的《奉神述》。《奉神述》碑是封禅的产物。大中祥符元年（1008年）十月，真宗皇帝率满朝文武官员前往泰山封禅，往返47天。此后几年，或是亲自或是遣卿封禅华山、恒山、嵩山、衡山四岳。大中祥符四年五月，真宗皇帝自制五岳醮告（祷告）文，遣使醮告，封“东岳曰天齐仁圣帝，南岳曰司天昭圣帝，西岳曰金天顺圣帝，北岳曰安天元圣帝，中岳曰中天崇圣帝”。命翰林、礼官详细制定礼仪及冕服制度。“帝自作《奉神述》”，勒碑置于会灵观中，皇祐年间，会灵观火灾，《奉神述》碑损坏。皇祐五年六月，会灵观更名集禧观，内供奉五岳帝，名曰奉神殿，须重修《奉神述》，以恢复原貌，遂有仁宗命蔡襄摹书《奉神述》之举。

此时，蔡襄的书法已达到娴熟自如、乱假成真的地步，看不出半点破绽。蔡襄书成送上，仁宗十分满意，特赐予上骑都尉（七级勋号）和紫金鱼袋臣（四品以上官员章服标识），并亲书“君谟”两个飞白大字，表为一轴，赐予蔡襄。后又先后加封蔡襄母亲卢太夫人为仁寿郡太君、妻子葛夫人为永嘉郡君，追赠其祖父蔡恭为工部员外郎、父亲蔡琇为刑部侍郎。

不为皇后书碑文

至和元年（1054年）正月，皇帝爱妃张氏薨，时年31岁。在历史上，宋仁宗对于张贵妃的宠幸不亚于唐玄宗对杨贵妃。然而，杨贵妃死无葬身之地，而张贵妃死后却获得无限荣光。

据载，仁宗对张贵妃十分宠爱，“及薨，帝悲悼不已”。朝廷放假7天，京城禁乐一个月。丁丑，追认册封为皇后，赐谥“温成”。

温成皇后殡葬于奉先寺后，仁宗的哀思未尽，提出要为她“立忌”，即设立纪念日、公祭日。初，直集贤院刘敞说，太祖以来，皇后庙里有四位皇后，还是陛下的祖妣（即祖母、曾祖母），都不曾立忌，怎么可以因亲昵宠爱而越礼到改变古制？于是，皇帝下令并四位皇后及奶娘章惠皇太后皆立忌。枢密副使孙沔极力陈述其不可，御史中丞孙抃累奏论列，而礼院官也认为不可，但皇帝皆不听。随后不久，进言之人皆被罢黜。孙抃罢知邓州，特别是枢密副使孙沔，他始终坚持认为，追册温成于礼不可，而且扬言，这件事皆由佞臣促成，暗指宰相陈执中等人。宰相陈执中嘴上不说，却记恨在心。孙沔不自安，力求解职，遂授予资政殿学士、知杭州。

蔡襄在这一事件中，总的态度是“过与不及，皆曰失礼”。他在《乞罢温成皇后立忌》的奏议中说得非常清楚：圣人制礼，所以明轻重尊卑之节，过与不及，皆曰失礼。蔡襄的中庸之道是，刚中有柔，柔中有刚。一方面顺从仁宗追册温成皇后的既成事实，写了《温成皇后挽词二首》表示哀悼。另一方面又上奏折，表明自己反对“立忌”的态度。十月间，蔡襄连上三本，劝谏皇上不要为温成皇后的后事过分上心。一是《乞罢园陵监护司》。园陵监护司是为温成皇后建立新陵园办丧事而设立的，现在温成皇后已殡葬奉先寺，丧事已毕，就应该明令撤销，免得“口语纷纷”。二是《乞不往奉先寺酌献》。仁宗要往奉先寺祭献，蔡襄认为不可。因为仁宗从来就没有亲自往献，而今为温成皇后而去，不合礼仪。三是《乞不作温成皇后志文》。仁宗诏令蔡襄为温成皇后撰书墓志铭，蔡襄拒绝了。他说，臣奉旨检阅了有关温成皇后的葬要志文，查遍古今并无皇后葬礼有墓志铭，因为皇后的名号已尊，兼有哀册，不合为志，没有必要再为其作墓志铭。

御史坐贬，拒不拟旨

至和元年（1054年）七月，罢黜礼部侍郎、平章事（副宰相）梁适，以本官知郑州。殿中侍御史马遵等弹劾梁适奸邪贪墨，任情徇私，不约束子弟，不宜久居重位。梁适不服，表示要同马遵等人辩论。马遵等人则分条数列其罪行，驳得他哑口无言。随后，御史吴中复、殿中侍御史吕景初又弹劾梁适奸邪。皇帝说，马遵也有奏疏，还说唐朝天宝后治乱是分晓，为什么？吴中复回答说，明皇（唐玄宗）初任姚崇、宋璟、张九龄为宰相，遂致太平；天宝而后，命李林甫、牛仙客、杨国忠为宰相，是个大错，酿成天宝之乱（安史之乱）。接着，御史中丞孙抃也说，“梁适为宰相，是上不能持平权衡，下不能训督子弟，台谏官员多次论奏，非罢梁适不可。”皇帝不得已，乃罢之。

俗话说，江山易改，本性难移。早在10年前，蔡襄就奏论过“梁适奸邪”，10年后的梁适，还是改不了奸邪的本性。梁适不仅品行奸邪，在结党营私方面更是有一套手段。据《续资治通鉴》载：“梁适之得政也，中官有力焉。”中官即内侍宦官。这就是说，他在结交内侍宦官方面是成功的，在宫廷内部有着雄厚的基础。他之所以能升任宰相，与中官有力的帮忙是分不开的。当马遵等弹劾梁适时，宫廷内部就有人说：“御史捃拾（收拾）

宰相，自今谁敢当其任者？”梁适被罢了官，他们更是不善罢甘休，非要同时罢马遵等人的官不可。他们抓住了吕景初与马遵、吴中复状告梁适的一句不实之词，逼迫皇帝解除马遵等人御史台职，并将他们贬出京城。皇帝遂命蔡襄制诏：马遵知宣州、吕景初知衡州、吴中复知池州。御史按规定风闻言事，材料有不实，言官也不负责任，所以马遵等三人应是无罪，于是蔡襄缴还辞头（把印有“圣旨”辞头的空白绢封好退还），拒不草制，不拟旨。仁宗交付其他舍人草制，也没有人敢担此任。于是仁宗只好以处置朝中平常事情的行文形式降敕处理。对此，皇帝不仅没有怪罪，反而对蔡襄更为看重。爱屋及乌，蔡母也被赐冠帔以表彰其贤。

第三节　知开封，治京师

谈笑无留事

至和元年（1054年）七月，蔡襄升任龙图阁直学士、权知开封。据《续资治通鉴》载，在蔡襄上任伊始，太常礼院内部因工作程序相左，告到开封府，让蔡襄左右为难。礼院往常的办事程序，按常规是须填写印状（即公文格式），列署众位礼官的名字和官衔，方可生效。但遇到中旨（负有皇命的内侍）临时来访办事，就没有告诉所有的礼官，只是告诉判寺，便发文施行。朝廷追赠温成皇后，皇上派内侍到太常礼院，访问祭祀礼乐、礼典事宜。因为判寺王洙兼判少府监的官署与太常礼院最近，所以礼院礼值官多找他办理，而他也很喜欢办理此类事务。这就出现了两条不同的办事渠道：一条是公开透明的人人皆知的办事渠道，另一条则是不公开不透明的多数人不知道的办事渠道。正由于这样，有些事情往往在施行中出现了问题，论者都责难礼官，而礼官却不知道这是怎么回事，产生了内部矛盾。于是礼院负责人吴充、鞠真卿郑重其事地告诫礼值官说：今后凡朝廷访问礼典事宜，不得擅自以印状申发，还要求告知原委。

可是，数日后，有诏问在追赠温成皇后的仪式上，是否可采用乐舞？礼值官李亶或是忘记了院长的“告诫”，或是觉得此类问题有章可循不必汇报周知。他还是依照旧例，直接告诉王洙，王洙立即填印状奏曰“当用乐舞”。当朝廷把礼院的这个印状文书下发礼院筹办时，吴充、鞠真卿勃然大怒，立即把礼值官李亶告到开封府，诉求治其罪。王洙也把有关案情文件面呈蔡襄，说印状文书往来，已经实行很久了，礼值官无罪。礼值官也对内侍官员说，要送开封府论罪的人，应该是吴充、鞠真卿。诉讼双方两相对峙，相持不下。

是受理还是不受理？正在蔡襄左右为难之时，值逢御史台谏院也在讨论这个案子，他就把李亶案件退回礼院，提交御史台谏院判处。因此，殿中侍御史赵抃，状告蔡襄不案治礼值官罪，是畏缩观望的表现。而朝廷则怀疑赵抃是受吴充的挑唆，上告蔡襄的状。第二天，皇帝下旨，诏礼值官李亶罚交铜8斤，贬黜吴充知高邮军、鞠真卿知淮阳军。

怎样看待蔡襄不受理李亶案呢？可以说见仁见智。这个案子摆在桌面上说，确实没有任何价值，纯粹是一种内部工作的赌气。可轻可重，重则可判不遵皇命，有碍宗庙礼数，是重罪，这不是蔡襄所愿意看到的结局。轻判也不能大事化小、小事化了。

只有退回去，才是明智之举。这或许就是欧阳修所说的，“谈笑无留事”吧。问题是旁观者清，当局者迷。坏就坏在吴充和鞠真卿没有自知之明，蔡襄给他们台阶下他们自己却不下，竟然教唆“礼院吏相率逃去”，避而不接开封府退回的案宗，那就只好自讨苦吃，接受贬出朝廷的处罚。

整治内东门赊账案

购物赊账，通常是顾客与商者两相情愿的一种商业行为。但是宫廷购物赊账，则是商者迫不得已而屈就的一种商业依附关系。这种关系破坏了买卖公平原则，既伤害了商者的利益，也助长了宫廷腐败之风。

宫廷购物赊账，是个老大难问题。朝廷没人管，地方管不上，或者说不敢管。蔡襄知开封后，在整顿京城社会经济秩序、疏通物流渠道、鼓励商贾自由往来、保障京都供给的过程中，捅破了这个长期没人敢捅的马蜂窝。

至和元年（1054年）十一月，蔡襄给皇帝打了个《请杂买务市物给见钱奏》的报告。报告全文如下：

> 内东门市行（商铺）入物（购物），有累年未偿价钱者。请自今并关（通知）杂买务（掌管宫廷购物的机构）以见钱（现钱）市之。其降出（减下来）物帛亦估直于左藏库（掌钱帛、采购和贡赋的国库之一）给钱。

内东门（内东门司）本来是北宋内宫廷东门的门卫司，内置值班官4人，均由入内宦官充任，负责宫禁人物的出入，盘查他们的名字和数目，而入市购物的事情则与他们无关。问题是东门司把东门取索司纳其职下，仍保留着取索司的某些职能习惯，如为内宫购物。虽然当时已经设立了杂买务负责采购宫廷、官府所需百物，以应时给，但是东门司掌握着京城店铺的字号，不肯移交，继续打着宫购的幌子，按照惯例，取物赊账不付现钱。

宋朝魏泰所著《东轩笔录》卷八对这件事，有较详细的记载：宫廷在京师设立杂买务，买内宫所需之物。而内东门有商铺字号又直接到他们那里购物，以供宫中需要。凡行铺供物之后，都是赊账不给现金，往往经岁不还，至于积钱至千万者。内东门内负责办理付款的官员，故意拖延滞留，一拖再拖，京师甚苦之。蔡襄知开封，询知其弊，建言收缴内东门买物字号及账单，交付给杂买务，每月宫中发放俸禄钱时，准许杂买务开列供过物价，凭证直接到内藏库结算，还清旧债后，购物都要给现钱。仁宗赞成蔡襄的建言，认为事情应该像蔡襄所说的那样去办，一直施行至今。《东轩笔录》是魏泰晚年的著作，距事发时已至少有60年了。这就是说，蔡襄的一个奏议，就把数十年遗留下来的积垢彻底清除了，不能不说是顺应民心的一件快事。

追究宰相家打死婢女案

至和元年（1054年）十二月，朝廷出了一件丑闻，当朝宰相陈执中家里一个婢女被笞死，一时间闹得满朝沸沸扬扬。殿中侍御史赵抃奏论：宰相陈执中家，杖打女奴迎儿致死，一说是陈执中亲自杖打致死，一说是陈执中宠妾张氏酷虐殴杀。无论如何，二者都牵涉到陈执中。若是女婢犯有罪过，自当送官判断处治，怎么可以违法立私门之威！若是女婢果然是张氏所杀，自当擒拿凶手归案，宰相怎么能包庇不报！所谓正家而天下定，陈执中家不克正，怎么能求得天下的治定？

赵抃奏论一出，朝廷议论纷纷。到底陈执中有没有罪？陈执中以退为进，首先自请待罪入狱，然后是皇帝诏免收监。台官均认为不可罢免入狱之罚，欧阳修也认可台官的意见。皇帝只好诏令把张氏投进监狱，命给事中崔峄掌纠察负责审理。可是崔峄审理后以为，女奴是被陈执中因私打死，而不是张氏所杀。这一下子御史台像是炸开了锅似的，御史中丞孙抃亲率其属下合班论奏，要求惩办陈执中。可是皇帝再次诏示，不宜推论追究，并罢黜崔峄，授龙图阁待制、知庆州，又准予孙抃自请解职外放。

尽管仁宗把“有罪”论者一个个贬出朝廷，还是堵不住“有罪”论者的嘴。殿中侍御史赵抃穷追不舍，奋笔疾书应当罢免陈执中的八大罪状：“不学无术、措置颠倒、引用邪佞、招延卜祝、私仇嫌隙、排斥良善、刚愎任情、家声狼藉。”他还在奏状里列举证据，说陈执中在一个月内竟残害3人，手段恶劣。

鉴于言官的激烈反应，仁宗不得不把案件移送开封府，交由蔡襄复审。蔡襄审阅了有关案件的所有材料，并听取有关人员的证言、证词，同意御史台、欧阳修和纠察在京刑狱司的有罪推论，本欲穷究其责，却遭到仁宗的阻挠。他一方面把案件交予蔡襄审理，另一方面又派来司法正郎齐廓监审，这说明皇上有意庇护陈执中。为什么仁宗要一而再再而三地庇护陈执中？蔡襄心里明白，都是因为皇帝的“牵私之意”。

还在10年前，蔡襄就在《乞罢陈执中参政》的奏折里揭开了这个私密：“圣意以执中建皇储（太子）之议，以为有功。”蔡襄在这个奏折中，揭破了所谓陈执中建皇储有功的谎言。蔡襄说，自古以来，人臣建皇储之议者，诚为难事。或因后宫争宠，次序未分；或由于皇子众多，才德相远。人臣逢此时谈建皇储，能力排众议者，诚为有功也。问题是真宗皇帝独有陛下一子，天下之心本来就维系和寄望在陛下身上，皇储之立，非陛下而谁？陈执中当年上言，正是窥先帝之意，自图富贵，又怎么谈得上功劳！10年后，仁宗仍然执迷不悟，牵私依旧。陈执中的案子也就审不下去了。

蔡襄是个有血性的男儿，他不能立于庙堂而无所事事，于是决意挂印退堂。二月，以母老思归，求知泉州。蔡襄与陈执中可谓是“冤家对头”，10年前，也是因为皇上偏袒陈执中，不得不以父母老求知福州。

通告

第六章

知泉州，建大桥

泉州万安渡石桥始造于皇祐五年四月庚寅，以嘉祐四年十二月辛未讫功。累址于渊，酾水为四十七道，梁空以行，其长三千六百尺，广丈有五尺，翼以扶栏，如其长之数而两之……

至和二年（1055年）三月，蔡襄以枢密直学士知泉州，至嘉祐五年（1060年）十二月离开泉州返京，是蔡襄“三上三下”仕途生涯中的第二个下，头尾6年。在此期间，在南归赴任的路上子逝妻丧，走走停停小一年。抵泉就任不到3个月，又诏令改知福州。知福州不到2年，又再改知泉州。这6年是蔡襄人生发生重大变故的6年，也是他在地方为官政绩最为辉煌显赫的6年。

第一节　不测风云

至和二年（1055年）二月，蔡襄以母老思归求知泉州。三月，接到授予枢密直学士知泉州的诏令，五月底启程到第二年二月抵泉就任，头尾近一年。

蔡襄离京时的心情是复杂的，“南归虽云乐，此念殊忡忡”。一忧一喜，是他举家离京前夕的矛盾心态。

所谓一忧者，是指忧国忧民。蔡襄并不是一个可以一走了之的人，相反，他身将离开朝廷，而心还是系着朝廷，因为此时还是陈执中执政。他挂心朝廷能不能去奸邪正朝纲，挂心朝廷能不能摆脱内外交困，所以忧心忡忡。

所谓一喜者，是指家里喜事连连。首先是遂了母亲的心愿。民间传说：蔡襄母亲怀孕时，前往泉州探望丈夫，横渡洛阳江时遇到风浪击船。在满渡船乘客惊慌失措的时刻，她对天许愿，儿子（即蔡襄）出世，将来若能有一官半职，定来此架一座桥，顿时江面风平浪静。所以修桥一事一直挂在蔡老夫人心头，蔡襄为了还母亲的心愿，也一直想去泉州做官，修一座桥。

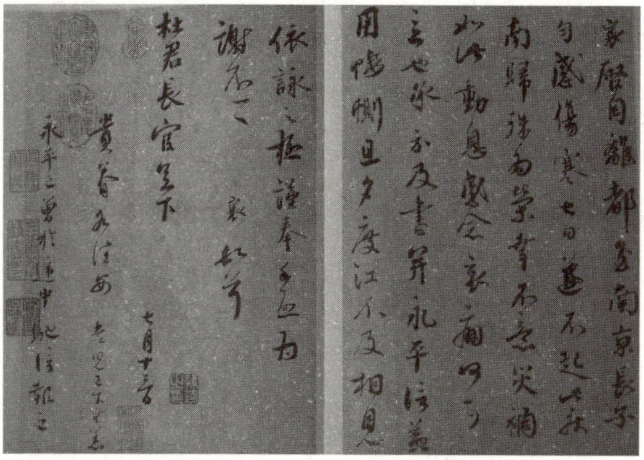

蔡襄字帖《离都帖》

其次是为长子蔡匀补了官。按宋朝荫补制度的规定：三司使、翰林、资政殿待讲、龙图阁学士、枢密直学士等职官，其子可以荫补监主簿。蔡襄至和元年七月，迁龙图阁直学士、知开封时，就获得了为儿子申请荫补的资格，但他没有这样做。到了至和二年三月，获得第二个荫补的资格即“以枢密直学士知泉州”时，才为儿子报请荫补“监主簿”。虽然监主簿是知县手下的一个专掌簿书的小吏，但它毕竟是“初仕之途”。

最后是蔡匀娶亲，办理婚事。在为蔡匀补官的同时，蔡家也迎娶了陈家女儿过门。

五月底六月初，蔡襄举家南归，一家老老少少，欢欢喜喜享受着“南归乐”，没想到走不出百里，蔡匀染疾病故，可谓是乐极生悲。蔡匀的早逝，对蔡襄及其全家来说，是晴天霹雳、飞来横祸，打击之大是可想而知的。

蔡襄在《长子将作监主簿哀词》的“序”中说：“又明日，至宋都。予心悲哀，词以悼之。”“词以悼之”，这是人之常情，但像蔡襄这样，一词未尽，连发三词哀悼者，实属罕见。

> 慈母号嗷而屡绝兮，少妇无依而冤愁……耳目恍接其声容兮，考真实兮则不。爱念中来兮不可理遣，自古皆尔兮不可以智谋。终焉莫之见兮已矣，抚棺永决兮千秋。

父子再也不能相见，但父子情、夫妻情怎能忘怀？沉忧伤人，独语谁诉？

蔡匀的病逝，对蔡襄全家人是极大的打击。蔡襄作为一家的擎天柱，他悲痛，但不能倒下，不到一年，他老了许多，两鬓花白，发秃牙蠹。然而伤痛最深的还是蔡匀的母亲和妻子，作为蔡匀的母亲，她爱子如命，痛不欲生；作为蔡匀的新婚妻子，又有孕在身，能不感到冤屈和忧愁吗？

蔡襄的夫人葛清源是个贤妻良母型的女性。她一生的心血都倾注在相夫教子上面，好不容易盼到儿子长大成人，刚荫补一官半职，才结婚两三个月，就病逝商丘。这对母亲来说，能不痛心疾首？魂幡引路，哭南归。离河南进安徽，渡淮河过长江，越江苏抵浙江，一路抚棺痛哭，无日不以泪洗面，茶饭不思，长夜无眠。九月间，她再也撑不住了，病倒在杭州。

适逢蔡襄的京中同仁枢密副使孙沔谪贬杭州。受他的照顾，蔡襄一家在此驻留了3个月，为夫人寻医问药，寻遍了杭州名医，喝尽了所有药汤，但夫人病情不仅没有好转，反而还日益严重。不论是医家还是夫人自己，都觉得无力回天。于是一家子再次启程赶路，争取叶落归根，不客死他乡。然而还没走出浙江地界，病入膏肓的葛清源就逝于衢州道中。

跨越福建的门户蒲城的泗州岭时，蔡襄作《过泗州岭》，表达对亡妻的怀念。诗云：

二十五年间，三回共往还。
那知临白首，相失向青山。
想像音容在，侵寻鬓发斑。
平生多善行，应不下尘寰。

第二节　知泉州，徙福州

泉州任上惩贪官

至和三年（1056年）二月初七，蔡襄到任泉州。抛开了个人悲伤，不顾重病在身，蔡襄重新振作起来，全身心投入到了治理泉州的政务中去。

蔡襄做地方官的理念是：“诘奸惠良，以富而教。”苏东坡说，蔡襄退历州郡，严惩奸人，奖励良民，教导百姓发家致富，这也正是蔡襄为官的理念。蔡襄为政的一个基本办法，就是深入了解民情。一到任，他就发布安民告示，走街串巷，访问私门，了解民间疾苦，倾听百姓呼声，择其要者，逐一解决。蔡襄初知泉州，就有民众状告晋江县令章拱之，经核查，蔡襄决定严惩这个贪官。

关于章拱之这个人，史载较少，只知道是福建浦城人，在晋江县令任上贪赃枉法，被蔡襄奏疏弹劾、革职为民。后来章拱之造谣陷害蔡襄，伪造一封蔡襄的奏折《乞不立厚陵为皇子疏》导致蔡襄被贬。

徙知福州

从嘉祐元年（1056年）八月起，至嘉祐三年六月止，蔡襄在福州任职将近两年，为福州百姓办了许多实事和好事。

晋安河

设馆办学，举荐人才。这是蔡襄最为重视的一件事，也是十多年前他知福州延请名师办教育的继续。蔡襄一上任，就想起当年聘任的教授周希孟，并亲自到他的馆舍慰问，再次延聘他主持学馆、教书育人。蔡襄十分尊重知识、尊重人才。在向朝廷举荐周希孟的奏折里，非常推崇周希孟，说他是个饱学之士。由于蔡襄的举荐，嘉祐三年七月，朝廷授予周希孟国子监四门助教兼福州州学教授。

兴修水利，开河挖渠，疏通水道。福州自古苦于水涝，一场暴雨，城区往往便成泽国。蔡襄首知福州时，修复了古五塘，算是挖个小水库，但其蓄水量毕竟有限。要想彻底解决水患问题，还是应该把浮水引入江海，蔡襄发动民众兴修水利，修浚晋安河，疏通水道，解决了城市供水、排水和航运问题。

晋安河的前身是东门外的一条“护城濠”，是开宝七年

（974年）刺史钱昱取土修筑福州外城时，开挖的一段护城河，且早已淤塞多年了。蔡襄再知福州的第二年，决定以“护城濠”为基础，开挖一条贯穿福州城区的最大内河（即现在的晋安河），此河一成北接五塘，南通闽江，成功地把北郊的溪流和南郊的江水连接起来，形成一条贯通市区和郊区的南北“大运河”。与此同时，蔡襄还实施了配套的水利系统工程建设，责令侯官、闽县、怀安三县在主干河两边开挖众多的渠、浦，并配有桥梁和水闸。此河功能齐全、作用巨大，集泄洪、排污、供水、灌溉、漕运和交通诸种功能于一身，可与浙江绍兴内河体系相提并论，一直保持了900多年，至今仍是福州历史文化名城的组成部分。

风俗习惯既是一个地方社会、经济、传统文化的表象，也是制约地方社会、经济、文化发展的一种力量。良好的社会风气和风俗习惯，是推动社会和谐发展的无形推手，是一种充满勃勃生机的精神力量。蔡襄任上十分重视民风民俗建设。首先，以戒令的形式颁布《福州五戒文》：一戒父母对子女的偏心偏爱。二戒子女不知孝道。三戒兄弟反目。四戒男婚女嫁奢侈之俗。五戒农人商贾刻薄求利。其次，竖立《戒山头斋会碑》，革除丧家在附近的山头寺庙置办酒席斋筵的陋习，反对办丧事大吃大喝。着令丧葬之家，不得丧夜宴客置酒宴乐，不得在山头僧院广置斋筵聚会、分散钱物。如有违者，罪在家长。再次，再立《教民十六事碑》的告示。蔡襄再知福州，深入民间，入家进户，听取和收集群众意见，加以归纳整理，列出其中如索取贿赂、制造和使用假钱、聚众赌博、僧人有染、擅自判罚、带兵搜围住户、额外征收费用、不肖子弟盗卖家产等十六件群众最为关心的事，并刻碑公示。让民众都知道什么是可为的，什么是不可为的；什么是合法的，什么是违法的；怎样做是对的，怎样做是错的，从而净化社会风气，稳定社会秩序。

朝廷十分赞赏蔡襄在福州任上的所作所为，为了表彰和肯定他的政绩，特授予礼部郎中，官衔五品。

第三节　复知泉州修大桥

大旱求雨订塘规

嘉祐三年（1058年）七月，蔡襄移知泉州。当时正值泉州三年大旱，求雨是民众的头等大事，也是官府面临的一件颇为头痛的大事。按宋礼法规定，求雨是民间的私事，大臣可以拜天拜地拜祖宗，不可私行屈身拜山神。但蔡襄入乡随俗，“事神以礼，虽重私行而不愧也。……唯民之恤，不敢以礼自缚，辄造（擅自前往）神所”。

蔡襄的这种“违礼”，符合他与民同甘共苦的执政理念。久旱不雨，苦了泉州民众，也苦了蔡襄。他说，泉州所部，仍旱三年，岁谷之入，十得三四，乡无藏粮，依靠外购。百姓不是饿死就是逃亡。作为掌管州事的太守，是不能眼见百姓处于水深火热之中而无所作为的。所以祭神求雨拯救灾民，也是蔡襄民本思想的一个具体表现。

但蔡襄求雨与众不同。他在上任后的一年多时间里，先后撰写了五篇乞雨《祭神文》，与神约法三章，在蔡襄看来，神管不了人事，人也管不了神事，两相分工，各司其职。一是求而不雨，山神的责任。“太守能治郡，而不能为雨。以雨活人，莫如山川之神”。如果“七日不雨，当钥（锁）庙门以待”。二是不屈以请，太守要负责。如果“太守之知神灵而不屈以请，其可谓仁乎？”那就怪不得神了，太守应该自担罪责。三是罪责共担。“旱甚而雨不作，是太守不能事神，而神不能爱民，惭羞不职（惭愧羞耻不称职），与神共之（共担责任）”。

蔡襄在《乞雨题西方院》的一首诗序说，他于嘉祐三年七月，再知泉州，连续三年干旱，颗粒无收。这难道不是郡守无德所致吗？诗云：

年年乞雨问山神，羞见耕耘陇上人。
太守自知才德薄，彼苍何事罪斯民。

在此抗旱之年，除了“从其风俗”与民共禳神事外，主要的工作还是率领民众兴修水利，如挖井、修塘、建桥等。蔡襄向来注重水利建设，他在福州、莆田都有修五塘的记载，在泉州也不例外。

《晋江县志·舆地志》就记载了蔡襄为晋江县四姓村民制订塘规的事迹。在宋代，晋江东南二十四都有个龟湖塘，塘长1800余丈，宽82丈，深1丈。东临塘后村，西至石狮亭，南自唐岬村，北抵大洋村。龟湖塘周边住着林、黄、苏、郑四姓乡亲，有3800多亩地都在此塘引水灌溉。天旱时，常因用水问题发生纠纷，甚至引起宗族械斗。蔡襄再知泉州时，适逢干旱，民众争斗不休。蔡襄得知此事后，一方面发动群众对湖塘进行加固，另一方面亲自出面，协调各方，主持制订了一个包括灌溉范围、引水渠道、取水设施及管理规章等的十八条规定。这是一个利益共享、责任共担的公平合理的用水公约，彻底解决了因用水而争斗的问题。蔡襄重修龟湖塘并制订塘规，加强水利建设，保证濒湖各村农田灌溉，强化其泄洪抗旱功能，促进了农业生产的发展。《晋江县志》载：“自蔡襄制订塘规至明朝五百年间，粮食产量常常二三倍于他乡。”

修建洛阳桥

提起泉州洛阳桥，人们就会想起蔡襄。千百年来，蔡襄造洛阳桥的故事在民间广为流传，家喻户晓。其实，蔡襄在《万安渡石桥记》中说，洛阳桥不是他造的，“职其事者卢锡、王实、许忠、浮屠义波、宗善等十有五人，既成，太守莆阳蔡襄为之合乐宴饮而落之”。这就是说，负责做这件事的人是卢锡等人，蔡襄只是主持了大桥的落成典礼而已。蔡襄这样说，反映了他不贪天功归已有的坦荡胸怀。应该说，建造洛阳桥的工程始于卢锡，成于蔡襄。洛阳桥的建造时间先后共计6年8个月，虽然蔡襄实际领

泉州洛阳桥

蔡襄撰的洛阳桥碑文

导建桥的时间只有1年6个月，但却是整个工程的关键时期，是大桥能否建成的决定性因素。可以断言，如果没有蔡襄来泉州任职，就建不成洛阳桥。

洛阳桥是架在泉州与惠安交界的洛阳江上的一座跨海大石桥，它位于泉州东南的入海口，始称万安桥。蔡襄撰写的洛阳桥碑记的标题就是《万安渡石桥记》。万安渡是洛阳江入海处的一个古驿站、渡口，当时江面宽2.5千米，水深潮急，风浪大，过往旅客常常翻船落水，葬身江海。古人为了吉利，给这个渡口取名“万安渡”。所以在这个渡口架起的桥也就叫万安桥。

在蔡襄之前，就有人在这个渡口尝试建桥。北宋庆历年间（1041—1048），泉州人李宠首先在江中架设一道临时木头浮桥，但终因经不起风浪的冲击而告失败。蔡襄在碑文里说：“泉州万安渡石桥，始建于皇祐五年四月庚寅，以嘉祐四年十二月辛未讫功。”这就是说，在蔡襄来泉州任职前三年，洛阳桥就开始动工修建了。皇祐五年（1053年）卢锡和王石等人发起修建石桥，花费了不少人力、物力和财力，但建了3年只建起两岸浅水滩头的几个桥墩就停工了，一是因为靠江心水深流急，投下的桥墩基石总是被大水冲走；二是因为筹集的钱

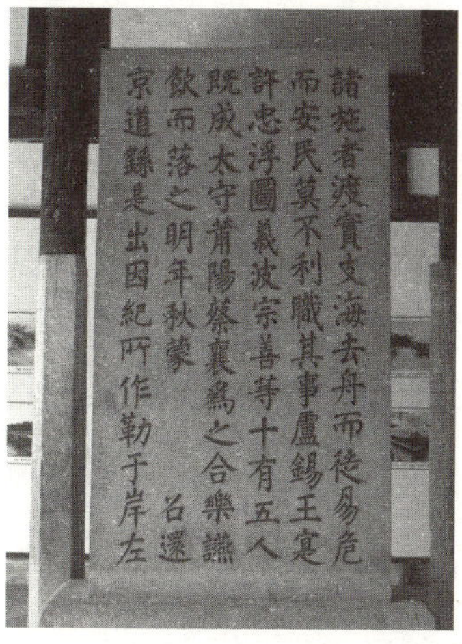

蔡襄撰的洛阳桥碑文

花光了。嘉祐元年（1056年）二月，蔡襄初任泉州，路经万安渡时，这里就已经偃旗息鼓，工地一片荒凉。两个月后，他又被调任福州知府。直到嘉祐三年七月，蔡襄再知泉州时，才正式把建桥摆上工作日程，真正挑起建桥的重担。

首先是通过舅父卢锡邀请原建桥的人商议，总结经验教训，了解工程停工的原因，听取复工续建的意见。其次是重新建立起工程领导机构，任命卢锡为工程总指挥，负责全面工作，王实、许忠、宗善等负责现场指挥、采集搬运石材、募集和保管资金等事宜。

后续工程的最大难题是资金和技术。当时建桥的资金都是来自民间募捐，政府没有财政拨款。蔡襄说建桥“靡（投下或花费）金钱一千四百万（贯），求诸施者”。据说在募集建桥资金时，蔡襄和他的母亲带头捐资，起了很大的推动作用。据《园中蔡谱》记载，蔡襄仅有埭田200石，他母亲卢太夫人当即要蔡襄捐出160石（1石为5亩即合800亩）。由于知府蔡襄带头捐资，泉州的富家百姓无不踊跃捐款，终于解决了资金短缺的难题。

据有关资料介绍，蔡襄一方面认真总结以往建桥失败的经验教训，另一方面深入实地考察、研究。在集思广益的基础上，解决了两大技术难题。一是发明了“筏型基础”法。筏型基础就是沿桥基的直线，在江心深水处抛石数十万立方，在江底筑起一条20多米宽，2里长的水下长堤，作为大桥的基址。在此基址上建造形似小船的桥墩，以减小江流潮水的冲击力度。二是“浮运架桥”法。铺在桥面上的石板，每根长1丈，宽1尺5寸，厚1尺，重300多斤，另一种说法是1993年洛阳桥大修时，实测桥板最长11米，宽0.98米，厚0.8米，每条石板重数吨至10多吨。这么厚重的桥面石板和更加厚重的石梁，怎么架到桥墩上去？蔡襄提出用船装运到两个桥墩之间，借助海水涨潮时的浮力将其架上桥墩。我国桥梁专家茅以升教授在《桥梁谈往》一文中说，洛阳桥建造的“这种基础就是近代桥梁的‘筏型基础’，但在国外只有不到100年的历史。所用桥梁的‘浮运法’，就是今日还很通行”。

嘉祐四年十二月，洛阳桥竣工，蔡襄为之举行落成典礼。嘉祐五年十月，蔡襄书大楷《万安渡石桥记》并勒碑以纪念。碑文曰：

> 泉州万安渡石桥，始造于皇祐五年四月庚寅，以嘉祐四年十二月辛未讫功。累趾于渊，酾水（疏导）为四十七道，梁空以行，其长三千六百尺，广丈有五尺，翼以扶栏，如其长之数而两之。靡金钱一千四百万，求诸施者。渡实支海，去舟而徒，易危而安，民莫不利。职其事卢锡、王实、许忠、浮图义波、宗善等十有五人，既成，太守莆阳蔡襄为之合乐宴饮而落之。明年秋，蒙召还京，道由是出，因纪所作，勒于岸左。

此碑文章精炼，书法遒美，刻功精致，世称“三绝”。

《荔枝谱》

嘉祐四年（1059年）八月，在洛阳桥基本建成的时候，蔡襄决定利用他多年收集的福州、莆田、漳州、泉州四地以及省外有关荔枝的资料，为荔枝分类作谱，撰写《荔枝谱》，并于八月二十四日脱稿于泉州府衙官邸安静堂。

《荔枝谱》共7篇，3000余字。第一篇，概属荔枝的产地及其品质；说明为其作谱的缘由。蔡襄说，荔枝最早是从越南引进来的。汉初，南粤王尉佗将其作为当地的土特产进贡，始通中国。现在“荔枝之于天下，唯闽粤、南粤、巴蜀有之”。而在闽粤（即福建）也只有福州、莆田、泉州、漳州四郡有。比较福建、广东和四川三地荔枝的品味，福建荔枝最好。广南、巴蜀的荔枝“肌肉薄，味甘酸，其精好者仅比东闽之下等”。

蔡襄之所以要撰《荔枝谱》，动因有二：一是常年留意收集这一方面的资料，“因而题目，以为倡始”。他籍贯在莆阳，两次知泉、福，十年往还四地，每得到其优者，就命画工写生，手上收集了很多资料，因而以此题目撰写，作为倡始。二是荔枝品种神奇珍贵，“为之叹惜而不可不述也”。一种树木生的果实，长在海边岩险之远，而能名誉京都，外盖夷狄，被当今世人所看重，足以说明它的珍贵。其果品，卓然第一，然性畏高寒，不堪移植，而又道路遥远，因此没有被列为上品，少发光彩。正因为这样，所以才为之叹惜而不可不述也。

第二篇，介绍莆田名牌荔枝陈紫的优良品性。蔡襄说，莆田百姓喜欢在园地、池塘边种植荔枝，莆田人爱吃荔枝远胜其他水果，特别看重陈紫这个品种。富裕家庭如果有一年没有尝到陈紫，即使有其他品种数以千计，也不会满意的。所谓陈紫，是一位姓陈的果农园子里种植的荔枝，其果硕大，径寸有五分，香气清远，色泽鲜紫，故称“陈紫”。因为陈紫稀有，供不应求，每当采摘时节，必须关门闭户，卖者须从围墙外把钱扔进来，按钱给货，能买到算是幸运，没有人会计较合算不合算。蔡襄说，荔枝以甘为味，虽百千棵树，都没有相同的，其味道或过甘、或过淡，唯有陈紫的色香味，出类拔萃，为天下第一。

第三篇，介绍福州种植荔枝的情况，及其远销海内外的情景。蔡襄说，福州荔枝品目众多，唯“江家绿”为第一。福建荔枝，福州种植最多，遍布原野山麓。如福州西郊洪塘乡一带，有的果农一家就拥有万株荔枝；城中越山（即屏山）脚下，荔枝成林。荔枝放花之时，不仅迎来了蜂蝶，还引来了商贾。他们云集林中树下，看花断价，计株签约。待果子成熟时，协约双方结账采摘，经红盐泡制之后，运往海内外贩卖。走陆路，入京师，外至北辽、西夏；走水路，舟行至新罗（即朝鲜）、日本、琉球、大食（即波斯）。这些地方，莫不爱好，很受欢迎。商人贩益广，乡人种益多。

第四篇，推介荔枝的营养价值。荔枝食之，有益于人。汉代《列仙传》和唐代《新修本草》均有记载。东晋著名医药学家葛洪说，荔枝具有祛渴补髓的功能。据《后汉书·和帝纪》记载：旧南海献龙眼荔枝，十里一站，五里一标，奔腾阻险，死者继路。朝廷令地方官派役夫日夜兼程，轮流传送。临武县正是进贡的必经之地。永元十五年（103年），临武县长唐羌，耳闻目睹

蔡襄故居的千年古荔枝树

役夫受劳累和疾病折磨，死亡不绝于路，便上书皇帝请求罢贡，说荔枝“未必延年益寿”。而蔡襄说，唐羌的“未必延年益寿”，乃是“谏止之词也”。荔枝树本身就是长生不老树，其木坚理难老，“今有三百岁者，枝叶繁茂，生结不息，此亦其验也”。

第五篇，叙述荔枝栽培的气候条件及其生果规律。荔枝树初种畏寒，未结果之前的五七年，深冬须覆盖，预防霜冻。寒冷地带不能种植，如距福州三舍（一舍30里，合计90里）的西部古田水口镇，地少天寒，已不可植。荔枝的开花结果，也有一定的规律。春天花开白色，能否挂枝、挂多少，除受风雨时与不时的制约外，还有不同树种自身生果的内在规律，有的是来年生果，谓之挂枝；有的虽然是年年生果，但也有大年小年之分，谓之半生半歇也，即一年生得多一年生得少。那么可否分辨出二者的不同呢？春花之际，旁生新叶，其色红白，六七月时，色已变绿，此明年开花者。今年结实者，明年歇枝也。

第六篇，介绍荔枝加工贮藏的方法。在当时的技术条件下，储运新鲜荔枝一般是不可能的，要运往外地就必须经过加工。在这里，蔡襄介绍了四种方法：一是红盐法。以盐、梅卤浸泡佛桑（即扶桑花）为红浆，把荔枝放进去泡浸。然后取出晒干，色红味酸甜，保存三四年不蛀虫。二是白晒法。直接把鲜荔枝颗粒摘下，

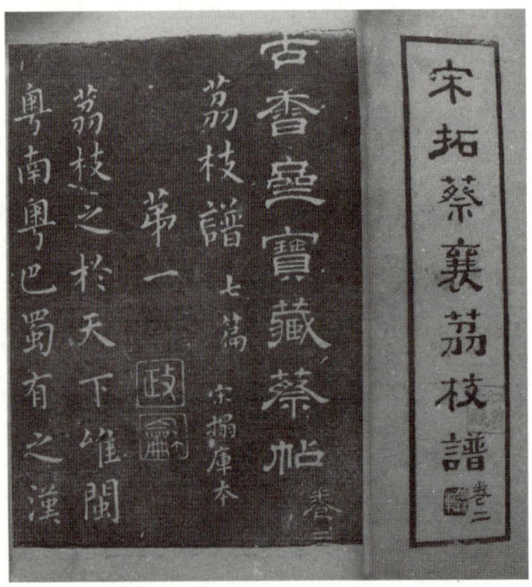

蔡襄著作《荔枝谱》

置于烈日之下晒到核硬为止，然后放在陶瓮里，密封百日，谓之出汗，去汗后可以长久保存，否则一年后就坏。三是蜜煎法。先把生荔枝的外壳剥去，再把水分压榨掉，然后用蜂蜜加以煎熬。四是晒煎法。把晒到半干的荔枝，去壳和蜂蜜煎，色黄白而味美可口。

第七篇，别种类，评述福建32个荔枝品种。蔡襄把它们分为两类，其中以莆田陈紫、福州的江绿等12个品种列为一类，属于有等次的品种，最著名的是冠以姓氏的品种。另一类20个是普通品种。其中福州出产的有6个，莆田出产的有2个，还有12个福莆泉漳均有的产品。

蔡襄的《荔枝谱》是我国果树学方面的一部重要著作，其影响很大。英国李约瑟在《中国古代科技史》中誉之为世界第一部果树分类学著作，现已翻译成多种文字在世界各地流行。

嘉祐五年三月十二日，蔡襄把《荔枝谱》写成书法作品，这是蔡襄的书法瑰宝之一。

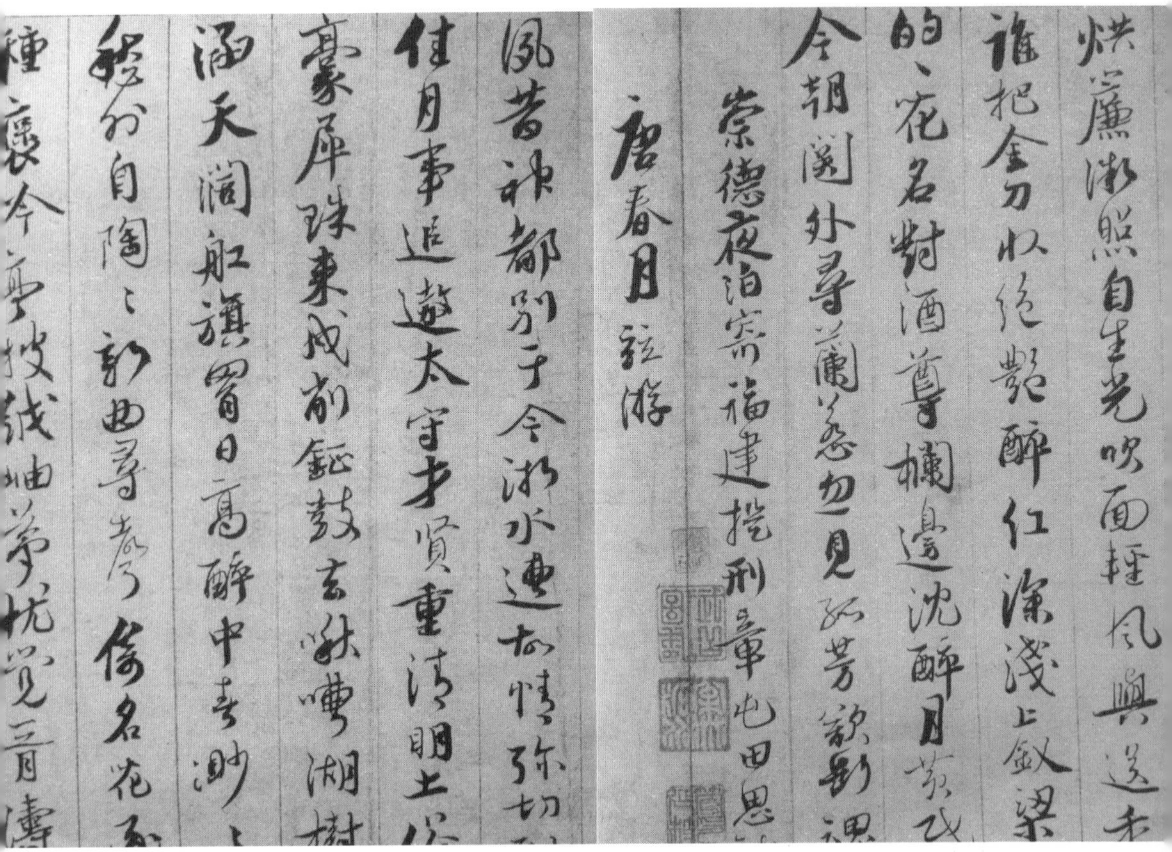

第七章

拜三司，论国策

襄昔之为谏臣，与今之为词臣，一也。为谏臣有言责，世人自见疏；今无是焉，世人见亲。襄之于人，未始异之。

——南宋宰相洪迈

嘉祐五年（1060年）十月蔡襄知泉州任期届满，至治平二年（1065年）四月出知杭州，是蔡襄“三上三下”仕途生涯中的第三个上，头尾历时5年，先后被授予翰林学士、权知开封府，翰林学士、权三司使，翰林学士、三司使。这个时期，是蔡襄所授官位最高、策论成果最多的时期，但其处境却很尴尬，处于欲退不能、欲进无门的境地。

第一节　三辞委任

嘉祐五年（1060年）七月，蔡襄在泉州任期将满时，朝廷授予翰林学士、权知开封府。蔡襄立即呈上《辞翰林学士知开封府表》，要求再典于旧封，继续留任泉州。

其理由有三：一是就地养亲，缘由还在。蔡襄说，当年在开封府的任上，以母老求补闽粤，获得批准，出知泉州。在这5年间，更移福州、泉州两郡。家人岁时之乐，足慰母心。要不是因为朝廷以孝治国推行之广大，怎么会有这么多的侥天之幸？二是自身病痛有所好转，但病根顽固而未能尽除。日积月累已经是形容憔悴，深怕会荒废政事，正暗地里打算辞官退隐，怎么敢接受皇帝的加官晋爵。三是名难副实，不尚虚荣。蔡襄说，朝廷的近臣，儒者最荣耀。京城要职，是官吏最高的目标。但是自己才干非优、福基甚薄，假如接受超过自己的才干福分的授予，实在是自不量力。

但是，蔡襄的奏表被驳回，并任命了一个新的泉州知府。于是，蔡襄再呈《辞翰林学士知开封府状》，他说既然朝廷任命了新的泉州知府，那就让我知扬州或杭州吧！我屡次陈述私人恳求，触犯圣慈，望能宽恕。

是年十二月十一日，蔡襄接到朝庭复函，不同意他的二状恳辞。他不得不劝说母亲，举家北上开封赴任。第二年三月，走到应天府南京（即今商丘）又停下来，再递状子，恳辞知开封府和翰林学士的任命，只求保留原来的职名，允许自己在京担任一个挂名的闲职。这样既可以得到俸禄供养老母亲，又能医治自己目前衰弱的病体，只要等到自己的身体稍有好转，朝廷再有什么派遣，也就不敢辞免。

朝廷仍是没有同意蔡襄的恳辞，没有授予“在京兼判闲局”，而是改授予翰林学士、权三司使。嘉祐六年（1061年）四月二十八日，蔡襄抵京面圣，当殿恳辞新任命，公议不允。蔡襄辞意益坚，只好以书面形式，再上表恳辞权三司使。

蔡襄在《辞权三司使表》里，希望皇上能收回诰令，授予更有才能的优秀人才。因为三司使不是小有智慧的人就可以胜任。他说自己资薄才浅，加上身体虚弱，又离开职责重大繁多的职权很久了，现在要他担任的职务更加繁重，恐怕是力所不能及的。假如有失量度，也将是他自己的愚昧无知所致。所以请求皇上收回诰令，另择英才任用。同时蔡襄说，免去自己权三司使的实职，自己有现有的俸禄奉亲养家就心满意足了，不会因为不接受要职而影响自己报效朝廷的一片忠心。

可是，朝廷并没有接受蔡襄的辞呈，而是复函转述皇上的语言：“辞免事具悉。翰林学士，是儒者的最高目标；三司，是事关天下的大局。朕选人任用，就特别看重才能这一点。你有博大精深的学识，足以在谋划国家的财政体制之时，兼普济天下之道，也足以安邦。”这样，蔡襄也就只好走马上任了。

第二节　受授权三司使

比肩包拯

在官场上，蔡襄与包拯很有缘分，一前一后任同一职务有两次：第一次是权知开封府。蔡襄在前，包拯在后。至和二年（1055年）蔡襄先任开封知府，至和三年包拯后任开封知府，宋史对他们俩的视事风格评价都很高。评蔡襄："迁龙图阁直学士、知开封府。襄精吏事，谈笑剖决，破奸发隐，吏不能欺。"评包拯："除（授职）龙图阁直学士……权知开封府。……拯立朝刚毅，贵戚宦官为之敛手，闻者皆惮之……吏不敢欺。"一个是"能"，一个是"威"，二者都名垂青史。

第二次是任三司使。包拯任职（1059—1061）在前，蔡襄任职（1061—1066）在后。他们的共同点，都是由权三司使做到三司使。

嘉祐六年（1061年）四月，包拯由权三司使升任给事中、三司使，又由给事中、三司使升任副枢密使。同时任命蔡襄权三司使。这次蔡襄与包拯交接，与前次包拯与蔡襄的交接不同，这次是直接交接，前次是间接交接，中间经过了一年两任。蔡襄调离开封府后，第一任是枢密直学士王素，第二任是翰林学士曾公亮，第三任才是龙图阁学士包拯。应该说，包拯在三司使的任上两年的作为，为后任者蔡襄所做的突出政绩打下了基础。比如，受命会同右谏议大夫吕居简、户部副使吴中复详细制定均税条例，又同应召回京的英州刺史郭谘核定均租之法四十条等。又如，奏减内宫嫔妃人数，以减轻财政负担。宋代后宫开支庞大，光是月俸就高达万贯，占到全国盐税的二分之一。苏轼曾感叹地说，后宫之费，不下一个敌国。特别是在蔡襄接任三司使的前夕，包拯做了一件大好事，即所有上供的物资，按过去的规定都要收拢在外郡的管库里，物资过分聚集使老百姓的生活必需品匮乏。包拯为了改变这种困境，奏准特设市和场，撤销外郡诸管库，管库里的物资通过市场交易，使百姓和宫廷所需物品都可以从市场里买到。

所有这些，在客观上，为蔡襄接手三司使工作打下了良好的基础，也为蔡襄上任后能够腾出手来为过去的一些同僚好友鸣冤叫屈提供了便利条件。

平反冤假错案

蔡襄离开京都6年整，朝廷的人事浮沉变化很大。他再次回朝的第一个心愿，就是要为过去的一些含冤受屈的同僚故旧伸张正义，呼吁朝廷为他们平反。在上任后的短短的两三个月内，就撰写了七八个状词，向皇帝提出为诸多同僚故旧平反的建议。在此略举几个案例：

案例之一，“奏为故崇信军节度副使尹洙”平反事状。

尹洙，蔡襄的《四贤一不肖》诗中的四贤之一。尹洙屈死10年，“衔冤九泉，不照白日”，令人痛心疾首。蔡襄在事状里说，庆历新政失败后，起居舍人、龙图阁学士尹洙被贬权知渭州，兼泾原路经略使，即为甘肃崇信军节度副使。期间，尹洙与时任陕西经略使郑戬因要不要修建永洛城发生争执。因为该城

在泾原，郑戬把手伸到他人辖内，自然遭到尹洙的拒绝。在争执不下时，郑戬虽被罢职，却仍行文给其原辖下的路分局董士廉等人，令其修城如故。尹洙派出本路官兵强令停工，并把不服从命令的董士廉等人抓起来。于是官司打到朝廷，尹洙被移知晋州，董士廉等人被释放。董士廉等人因此与尹洙结下怨仇，编造词讼，诬告尹洙私吞公款。朝廷派人调查，结论是尹洙只是按常例借贷官钱公用，寻根究底，没有分毫贪污。可是，狱法官却编造了虚假的言辞，欲置尹洙于牢狱之灾，最终尹洙被贬为监均州酒税，不久便病死在贬所。

蔡襄感慨道，像尹洙这样一个富有词学才气、名闻天下。竭尽全力为公、不顾虑当权者的人，是一个大有益于时局的人、如果仇人搜集材料，台官捕风捉影，狱吏罗列罪名，司法部门定罪，知道尹洙底细的人，贬谪的贬谪，死的死了，尹洙冤屈何时才能昭雪？蔡襄对皇帝说：尹洙只有一个儿子，家境贫困无依无靠，希望皇上能下施恩惠，追还给尹洙原来的官秩，并赐予他的儿子，这样既能告慰尹洙的一片忠心，也让忠良之后能生活无忧。

蔡襄的吁请不但感动了皇帝，也得到宰相韩琦的大力支持。朝廷终于追认恢复尹洙原来的官秩。

案例之二，奏为翰林学士判流内铨吕溱平反。

吕溱，字济叔，江苏扬州人，状元出身，庆历中已是翰林学士，曾经与蔡襄等人一道弹劾宰相陈执中。执中罢相，他也贬知成德军，期间，吕溱与都转运使李参产生矛盾。吕溱性格豪爽，不拘细节，并不在意。等他回京任判流内铨，主管州县（含州县以下）官员的内铨选后，李参向朝廷举报，诬告他曾经借用官家的酒曲酿酒，以私货运往河东贸易，并违背规定接受馈赠。案件交由大理寺审理，吕溱却坚决不承认。朝廷外纷纷传说，其犯的是死罪，因为酒是国家专营，私酿买卖都是死罪。皇帝却认为其罪不该死，仅处以降秩知和州。御史认为处罚太轻，继而削官夺禄，把他遣送到南京（商丘）御史台闲居。

蔡襄在《乞叙用吕溱状》里说，我看吕溱自降官责废以来，到处都传说他犯了化公为私的罪，应当撤职。可是，他历任苏、楚、杭、徐数州，所到之处都有绝无贪墨的名声。况且，他壮年时就在皇帝身边任职，岂会自弃如此？然而其为人，向来做事考虑不周密，肯定有防检不到的地方，被人设计陷害。蔡襄举当年苏舜钦在监进奏院时，按常例用卖院里旧废纸的钱聚会祠神，却被人诬告为犯有监主自盗罪，最后被革职为民，死于贬所的故事，说恐怕所谓的吕溱犯罪，多半也是属于这种类型。加上吕溱本来就很贫困，剥夺俸禄令其闲居，也就失去了生活来源。“伏望朝廷矜悯，特赐牵复”。蔡襄的奏状获得皇帝的批准，朝廷随之起用吕溱“知池州、江宁府，复集贤殿学士，加龙图阁直学士、知开封府”。

案例之三，奏为枢密副使孙沔平反昭雪。

孙沔，字符规，浙江会稽（绍兴）人。天禧进士，任枢密副使时，因反对越礼追册温成皇后遭贬。《续资治通鉴》记载：诏枢密副使孙沔读哀册。孙沔说，章穆皇后丧，葬礼都是由两制（内外制诰）主持，今温成追谥，反诏两府（宰相府与枢密府）行事，他认为不可，拒绝宣读哀册，弃册而走。宰相陈执中应急救场，取而读之。孙沔扬言，追册温成于礼不可，都是一班佞臣在上下撺掇。陈执中等人因此怀恨在心，孙沔也自感不安，力求解职。随即，授资政殿学士、知杭州。

蔡襄说，孙沔事发之时，我远在福建，事出传闻，不得真实。传闻说，孙沔知杭州时，与赵氏妇女相交，涉嫌轻蔑丑恶，以重罪谪贬，削官夺职。如果真有其事，固当重责。然而，据我所知，孙沔所治理的杭州，铲除祸害积弊，抨击揭发豪强，令行禁止，与和尚寺庙、大户为敌，期间虽有过当之处，而风俗混乱，现在终于得以衰息。虽然孙沔秉性粗略，但对于人事，则严明自处。蔡襄怀疑在审问体量之际，未得其实。听说当时赵氏与父同日下审问所，其父当晚死亡。所以路人都说，是屈打成招成其事。古者大臣不理沉冤，因为孙沔曾任枢密副使，只好待罪而已。我担心，大臣有罪，不能自明，由孙沔开始。只求皇上感念孙沔曾经做过的政绩，详察难于明了的罪责，洗雪拂拭，有所任用，他必然会报答陛下的再生之德。

蔡襄的奏议得到朝廷的重视，详察的结果是孙沔果然是被“为敌者”所构陷，朝廷终于给予平反昭雪，起知河中府。

值得一提的是，对蔡襄初任三司使时，屡屡为同僚伸冤平反、讲好话，有些人觉得这与以前的蔡襄不一样，前后判若两人。对此，南宋宰相洪迈曾经作出如下解释：“襄昔之为谏臣，与今之为词臣，一也。为谏臣有言责，世人自见疏；今无是焉，世人见亲。襄之于人，未始异之。”

受命修陵墓

嘉祐八年（1063年）三月二十八日，仁宗驾崩，在位42年，享年54岁。仁宗驾崩，蔡襄是很悲痛的。仁宗生前是很喜欢蔡襄的，他喜欢蔡襄的字，喜欢蔡襄的才，喜欢蔡襄的忠直，甚至喜欢蔡襄的胡须（蔡襄的胡须极美，是位美髯公）。

仁宗对蔡襄有知遇之恩，蔡襄对仁宗也是难以忘怀。仁宗驾崩后，蔡襄作了很多挽词，如“孤臣空雨泣，白首抱遗弓”“厚禄终无报，惭恩更白头”，寄予无限的哀思和悼念。

仁宗驾崩，传位给养子赵曙，是为英宗。仁宗曾生有三子，皆幼年夭亡。景祐二年（1035年），仁宗便把4岁的堂侄接入皇宫抚养，赐名赵宗实。此后仁宗又有所出，但都是女儿，所以群臣建议尽早立宗室子侄为嗣，但都遭仁宗拒绝，认为自己还能生子。直至嘉祐七年八月，52岁的仁宗，确认自己已生不出儿子了，于是立宗实为皇子，改名赵曙。赵曙继位时31岁，已过“而立”之年，但他不是一个急于揽权的人。当仁宗驾崩，召他入寝殿，大臣告诉他皇帝晏驾，嗣立他继承皇位时，他竟惊慌失措地大叫：“我不敢担，我不敢担。”边喊边退，最后还是大臣们手忙脚乱地拉住他，硬给戴上皇冠，披上龙袍，即皇帝位。英宗即位后又提出要“亮阴”（即守孝三年），把政事交付宰相韩琦总管，因受到辅臣一致反对而作罢。英宗初即位，凡是辅臣奏事，必详细问明本末，然后裁决，没有不当之处，中外都称赞他是个明君。接着，他又尊皇后为皇太后，颁诏天下修建仁宗陵园，命韩琦为山陵使。

蔡襄受命为修奉太庙使，总应奉山陵事，具体负责督管修缮太庙和修建仁宗的陵园事宜。修缮太庙好办，与修建山陵相比算是个小工程，况且图纸设计方案都是由两制（内制诰翰林学士与外制诰中书舍人）、待制（等候制作诏令的以上官员）、礼官共同考虑商议决定好的。蔡襄基本上就是按礼院的八室图，对旧庙宇略为改动，如扩大庙室的面积等。而修建仁宗的永昭陵，则是个巨大工程，十分棘手。

首先是按什么规格建造？蔡襄秉承皇太后和韩琦的旨意，提出依照永定陵即真宗赵恒的陵墓规格建造，引起争议。韩琦不悦，交礼院与少府监议决，最后决定除省去真宗赵恒增加的陪葬品外，其他一切都按永定陵定制。

其次是费用来源问题。虽然朝廷有明文诏示：山陵所用钱物，并从官给，毋以扰民。可是，一开始就从各地征调了4.6万余人来修陵，这要花多少钱？而国库财力却有限，三司奏准从内藏库拨出钱150万贯、绸绢250万匹、银5万两，助建山陵并赏赐。据三司初步估算，建设费用将短缺钱50万贯、粮50万石（担），需要从地方征调。

由于各地踊跃认征运送，一时间工地上屯集了过多物资，引起朝中一些人的非议。韩琦只好奏准选派一员朝臣前往计度，命三司蔡襄属下的盐铁判官楚建中到工地统计数目，发现调度物资确实过多，有的甚至多出数倍。蔡襄据此进行整改，压缩调运指标，减少浪费，提高效用。最后核算，只花了国库30万贯，绝大部分是用地方官府的钱。

嘉祐八年（1063年）十月，太庙和山陵均告竣工。十月十五日葬仁宗于永昭陵。十一月，仁宗神主祭祔归宗太庙。至此，蔡襄算是顺利完成任务，官职也由代理转正任三司使，享受计相的待遇。

第三节　英宗诘难，宏论国策

量力以制用

从嘉祐八年（1063年）八月任三司使，至治平二年（1065

年）二月出知杭州的两年间，是蔡襄一生进退交替的转折时期。在这个时期，他由代理转正任三司使；由于受人诬陷，险遭牢狱之灾；身处逆境不忘国运，为大宋的长治久安，呕心沥血献计献策，其忠心唯天可表。

由权三司使，升任三司使，是蔡襄一生最高的官职，官阶为三品，却享受一、二品的待遇。

蔡襄掌管三司勾院工作，从代理到正式任三司使头尾5年。其政绩卓然，但记载不详。只有《宋史·蔡襄列传》和欧阳修的《端明殿学士蔡公墓志铭》两处，寥寥数语。欧阳修的《端明殿学士蔡公墓志铭》记述说："嘉祐五年，召拜翰林学士，权三司使、三司使。……至商财利，则较天下盈虚出入，量力以制用，必使下完（完成税赋）而上给（供给），下暨（及）百司（泛指三司勾院内各机构）因习蠹弊（弊病），切磨铲剔，久之，簿书纤悉纪纲条目皆可法。"《宋史·蔡襄列传》把上述这段记载浓缩成"召为翰林学士、三司使，较天下盈虚出入，量力以制用。铲剔蠹敝，簿书纪纲纤悉皆可法"。

两处记述，除了铲除弊病，建立健全财务进出账目的各项规章制度外，都特别强调蔡襄一个重要的理财思想，即收支平衡和量力以制用。蔡襄在《乞戒约体量放税札子》中，结合赈灾减税与备战备荒的相互关系，强调了出入平衡的极端重要性。蔡襄说，赈灾免税，免除交纳田亩粮，无疑是一项惠民深厚的政策。但是如果地方官员不深入体量辨察，不从实际出发，不分灾情轻重，一味减税赈贷，造成军粮仓储短缺，问题就大了。蔡襄说，我不是不知道宽待百姓是一件美事，但从主管国家财政的三司使这个职务上看，就不能不考虑到一旦出现粮食短缺怎么办的问题。到时候，我承担罪责事小，而国家军队缺粮事大。所以必须有言在先，告知各路转运使，警戒约束执行免税的官员，一定要据实赈贷，各州郡也必须军储有储备，不得有缺误。

财政不仅岁入岁出要平衡，还必须要有量力以制用的各种预算。就是有多少钱办多少事，要办多少事就准备多少钱。蔡襄的《乞封桩钱帛准备南郊支赐札子》，就是量力以制用及其预算管理的一个实例。古代帝王于郊外祭祀天地，南郊祭天，北郊祭地，是隆重的祭典活动。特别是天子即位后的首次郊祭，是更为隆重的祭祀大典。按常礼，在祭祀完毕后还要发放数额巨大的赏赐钱帛。因此，“南郊支赐”是一笔巨大的支出，必须要有预算。预算有两种算法，一种是需要花多少钱，另一种是有多少钱可供使用。蔡襄采取的是后一种“量力以制用”的算法，在其上述札子里，他先是列出国库现有可供使用的封桩（即储藏备用的钱帛），然后再以此为依据进行支出。

治平元年（1064年）夏，蔡襄在三司使任上，上的最后一个札子是《上财用总要札子》。这是他呈进《天下财用总要》时的奏文，从奏文里，我们知道：第一，这本《总要》是蔡襄任职3年多的工作总结。他说，自担任三司统管国家钱粮货物价值责任的主官以来，已经超过3年了。3年来，国家人口的增减，财用的丰寡，他每日都会查考登记，每月都会统计课税，是虚空还是盈满账目上都清清楚楚。第二，撰写这本《总要》的动机是为了让皇帝了解“家底”和“天下之势”。蔡襄自谦地说自己是一个知识昏暗愚昧、不知物资通流方法的人，没有对国家作出什么贡献。又值此冗费（多余的费用支出）无止境的时候，每当想到这里，就寝食难安，愧死无地。因此，谨撰成《天下财用总要》一册上进，希望陛下能够阅览，或许可以从中了解到当今国家的情势。第三，请求辞去三司使职位。因为这个时候，英宗开始责难蔡襄，所以蔡襄在札子一开头就说“臣待罪三司”，请朝廷选求有禀赋特长的才俊，担任三司这个职位。但求给他一个闲职，以便有俸禄赡养母亲。

英宗诘难

修建仁宗陵园，是蔡襄政治生涯的一个重大转折点。成亦斯，败亦斯。英宗索还陵园工程款项是这个转折的征兆。

英宗开始过问这件事，是在仁宗下葬后半年。治平元年（1064年）三月，英宗开始诘难三司工作。首先是诏令三司还钱。修陵伊始，三司报批的是内藏库出钱150万贯，工程核算时只划报了30万贯，现在连这30万贯也不认账，只准减半，余下的15万贯，要由三司逐渐归还。其次是盘查主管三司修造案的权户部副使张涛三件事：一是仁宗神殿的壁画，二是京都酒税，三是与三司使商议铸钱事。张涛慌了神，一问三不知。这种敲山震虎的手法，明眼人一看就知道，英宗意在蔡襄。

英宗对蔡襄心生疑窦的原因，当然不在修陵本身，而在于宫中散布的一个传闻，说什么蔡襄曾经反对立英宗为皇太子。这其实是无稽之谈，是由内宫争斗引发的。英宗即位后即生病，得的是癫狂病，受不了大的刺激。他的病发是缘于仁宗的驾崩及其后事的反复刺激，从此他的病反复发作，常常因为不能自控而顶撞曹皇太后。而曹皇太后感到自己得不到应有的尊重而经常伤心落泪，甚至后悔立英宗为皇子。虽有韩琦、司马光等诸多重臣两边劝慰，矛盾还是发展到两不相容的地步。据《续资治通鉴》载：当英宗皇帝病发时，多有话语不逊，太后不能忍受。有一天，韩琦、欧阳修觐见皇太后，看到坐在垂帘后面的太后，一边呜咽流涕，一边诉说委屈，最后竟说出“老身殆无所容”的话，大有废弃英宗的意思。

曹太后为了给自己台阶下，说什么“先帝立皇子后，宫中宦官、妃妾更加迷惑，而近臣知名者亦然，几乎坏了大事，最近已经把那些关于废立的奏章烧掉了”。这只不过是她把自己曾经流露出来的存废念头，委过于人、自我掩饰的一种做法。她故弄玄虚的所谓“近臣知名者”“近已焚其章矣”，让宫外之人揣摩不定，无意中却伤害了蔡襄，正好给蔡襄仇人章拱之提供了一个报复的机会。蔡襄任泉州知府时，把贪官晋江县令章拱之削职为民、永不录用。章拱之怀恨在心，跑到京都投靠时任秘书省校书郎的章望之，企求翻案不成，却等到了一个报复机会。当宫中传出皇太后的话后，章氏兄弟便撰造蔡襄的一个奏章：《乞不立厚陵（即英宗）为皇子疏》，刊版印售。宫人购得在宫中大为流传，英宗大怒，几陷蔡襄于死地。

《续资治通鉴》对这一事件的来龙去脉，有详细的记载：英宗自被立为太子，中外并没有不同的意见。只是在英宗即位后，得病服药，皇太后垂帘听政，才出现所谓的宦官、宫妾争相荧惑，并说什么近臣中也有异议的人，外人就说蔡襄曾有奏章，然而不知道虚实。治平元年（1064年）五月，英宗病愈，皇太后还政。英宗却怀疑蔡襄，他一上朝就多次究问蔡襄的为人。有一天，蔡襄早朝请假，英宗就对中书发怒说，三司掌管国家钱粮，事务繁多，而蔡襄十日之中，请假四五日，为什么不换别人？韩琦等共奏，三司事无缺失，罢免蔡襄没有理由，何况现在也找不到一个名望超过蔡襄的人。欧阳修则解释说：蔡襄母亲80多岁，多病。蔡襄只是请早假，没有整日侍候起居，太阳出来后他就开始办公，没有耽误公事。但英宗还是耿耿于怀，每当朝廷奏议，有涉及三司的话，英宗都要发怒，并不断催督中书换人。韩琦等一班大臣本来是想大事化小、小事化了。但英宗责难蔡襄之意已坚，韩琦就推说，按程序规定，换人要等蔡襄提出辞呈后才行。

这实际上是一种拖延战术，韩琦等人还要作最后的努力来保护蔡襄。为了搞清楚英宗为什么态度那么坚决，韩琦问英宗有没有看到传说中的蔡襄奏章，英宗回答说没有看到，但早就听说了。韩琦说，事情暧昧，虚实未明，需要进一步调查。假如用流言蜚语来加罪蔡襄，今后小人可以随意诬陷，而善人就难以立足了。副宰相兼礼部尚书曾公亮说，京师这个地方向来喜欢诽谤人，一人造虚，众人传播，便以为实。以前以疑似之言陷害忠良的事不少，结果是并非只有臣下被祸，就连国家也免不了受害。参知政事欧阳修再问英宗，是不是确定有这件事？英宗回答说，虽然没有看到文字，怎么能保证就没有？欧阳修接着说，疑似诽谤，不只是无迹可寻；就是迹状分明，还必须辨别真伪。先朝夏竦欲害富弼，唆使婢女学石介字体，久之学成，就伪作石介替富弼撰写废立诏书，全靠仁宗圣明，富弼得以保全。我在至和初守丧期满回到朝廷，小人妒忌，伪造我请求淘汰内宫的奏稿，传布宫内外，内臣无不切齿痛恨，也是依赖仁宗保全至今。由此而言，就是有文字，还须辨认真伪，何况没有迹状。韩琦、曾公亮还说了许多，英宗最后无可奈何地说，告谤者为什么不告别人？然后只好作两顾面子的处置，既不留任也不查办。治平二年（1065年）二月，令蔡襄以端明殿学士、礼部侍郎，出知杭州。

具有讽刺意味的是，英宗任命龙图阁学士、工部侍郎吕公弼权三司使时，对他说："你继蔡襄之后权三司使，蔡襄主持三司工作期间，公事不及时了断，颇多留事，你准备怎么处理？"吕公弼明知道英宗不喜欢蔡襄，却依然秉承公道，说："蔡襄勤于事，未尝有旷失，恐言者妄矣。” 英宗听后大赞其为长者。顺便说一句，吕公弼是吕夷简的次子，大蔡襄5岁。10年前蔡襄权知开封府，前任就是吕公弼，10年后，刚好倒过来，蔡襄成了吕公弼权三司使的前任，尽管蔡襄与其父有隙，但不影响吕公弼对蔡襄做出公正的评价，确实具有长者风范。

强兵富国论

从治平元年（1064年）三月英宗开始诘难三司，到治平二年二月出知杭州的一年间，是蔡襄处境艰难的一年。处于逆境中的蔡襄，仇人的诬陷和中伤，英宗的误解，都给他带来了巨大的政治压力，但他却能泰然处之，没有如同常人那样，把主要的时间和精力花在辩诬上面，而是用在总结我国古代及有宋以来4个皇朝的治国施政的经验与教训，撰写了《国论要目》和《论兵十事》两本疏文，为大宋王朝的长治久安出谋献策。

《国论要目》是由“明礼”“择官”“安民”“正凌慢（欺凌怠慢）”“辨邪佞”“废贪赃”“强兵”“富国”“去冗”“原赏”“任材”“正刑”12篇奏议组成的合本论题，论述古今治国方略的要点及其优劣，供朝廷施政参考与择取。

《论兵十事》则是针对当时军队存在的弊病，提出军队建设的十个问题，涉及省兵、选兵、屯兵、运兵、训练、装备、军需、指挥、兵法、押运等方面，其核心是“精兵简政”。在此值得一提的是，蔡襄在《国论要目》和《论兵十事》里，提出并阐述了一个重要的论题，即强兵富国论。按常理说，应该倒过来，富国强兵论。只有富国才能强兵，强兵不一定能富国。可是，蔡襄说：“臣近上《国论要目》十二篇，以谓当今之急务，强兵为第一事，富国为第二事，欲修治道，自此而始。兵不强则国不富，国不富则民不安，是故始于治兵而终于安民，本末之论也。”为什么强兵富国要始于治兵？而治兵的关键又是什么？蔡襄说，只有治兵（即兵事革新的结果），“则兵少而精矣。兵少则财用饶，财用饶则国富矣。兵精，以战则胜，以守则固，兵强矣。其说皆世人之常论也，然而行之，则为治道之始；不行，则为天下大患”。

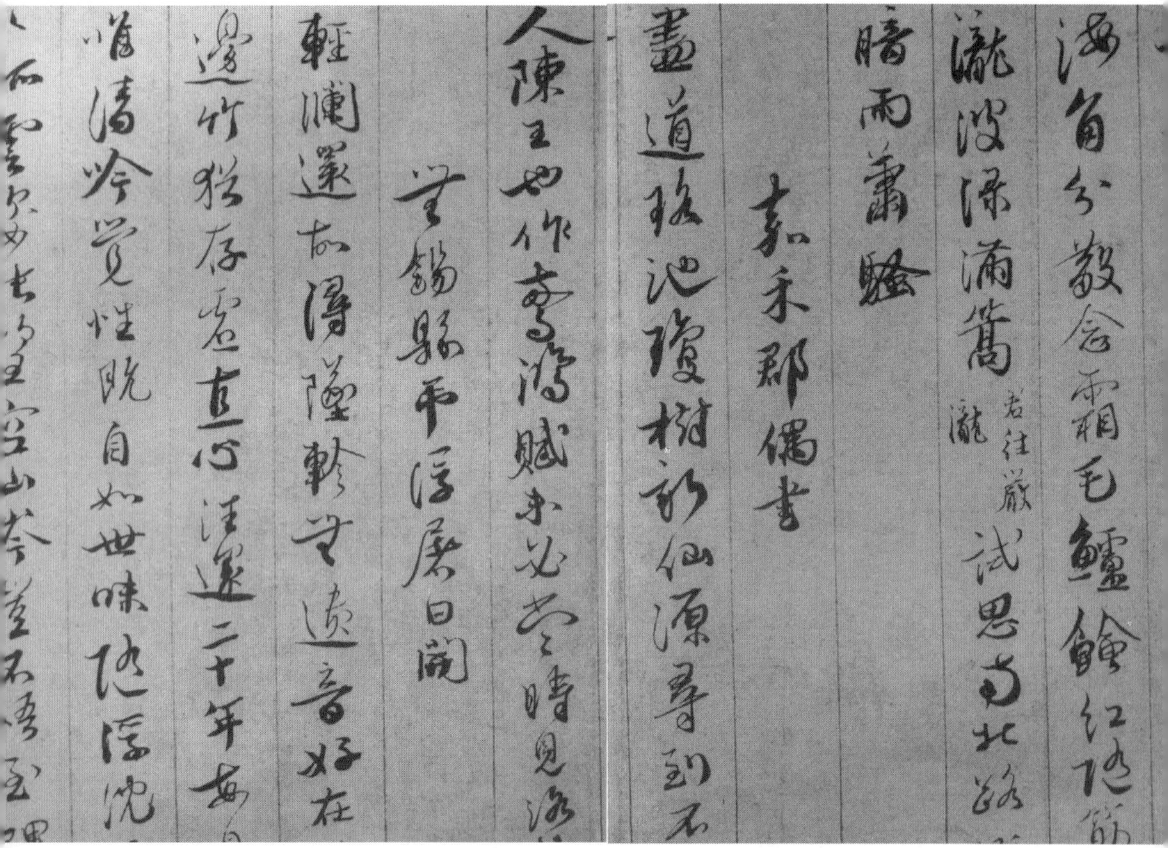
海角分散含霜毛鑪鑰红墮節
瀧波添滿篙　瀧　右往嚴　试思南北路
晴雨蕭騷
嘉禾鄭偶書
畫道移池瓊樹新仙源尋到不
人陳王也作驚鴻賦未必當時見洛
無錫縣前浮屠白闕
輕瀾還欲得隨轉空遠音好在
邊竹猶存露直心汪還二十年安
消清吟覺性既自如世味隨緣沈
而知羲

第八章

杭州尽瘁

襄廉公方正曰忠，遗爱在民曰惠……忠之实曰廉公方正，惠之实曰遗爱在民。公之贤，其名节在朝廷，其之迹在邦国。

从治平二年（1065年）二月知杭州，至治平四年八月病逝在家，头尾不到两年半，这是蔡襄“三上三下”仕途生涯中的第三个下，也是蔡襄晚年度过的最为不幸的岁月，可以说是蔡襄故事的一个悲剧性的结尾。在此期间发生了三件大事：一是英宗尽释前嫌，二是母丧子亡，三是神宗抱残守缺不赐谥号。

第一节　尽释前嫌授勋晋爵

治平二年（1065年）二月，诏准蔡襄辞去三司使，以端明殿学士、礼部侍郎知杭州。五月到任，视事杭州。

蔡襄是一个识大体、顾大局、知进退的人，既然英宗疑心难释、有意责难，就说明朝廷已经没有蔡襄立足之地。于是，他决计第三次急流引退。第一次是在名噪一时的“四谏”任上，第二次是在开封府的任上，这次是在三司使的任上。蔡襄政治生涯的三上三下，都与朝廷内部改革派与保守派斗争的情势密切相关，每次下放都是因为保守派容不得他这个耿直之臣。

英宗此番外放蔡襄，也算是手下留情，要不是有那么多的重臣为蔡襄说情，恐怕性命都难保，更谈不上去杭州走马上任了。他在《杭州谢上表》里说，奉令出知杭州，已于五月二十六日到任。朝廷给我一个适宜的州郡任职，恩为至幸。承蒙陛下英明，圣光普照，宅心仁厚，察孤臣之尽心，知小人之兴谤，特别给我优厚的待遇，成全我思念赡养母亲的心愿。表示要深入民间，询求隐情，研读探究治政安民的方法，必将誓竭全力，报答皇帝的大恩。

食邑，是封建王朝实行分封制度的产物，是以宗法制度为依据，食邑大小是由封爵等级和所授勋级决定的。原先是一种世袭领地，受封者在食邑内享有统治和征收税赋的权利，并对封赠者承担应尽的义务。

五月底抵达杭州就职，治平三年（1066年）十月母亲病逝，奉柩回乡守孝。实际上，蔡襄在杭州任上视事的时间，只有17个月，还不到一年半。

钱塘江弄潮是杭州的习俗。每年潮生，弄潮儿出没潮涛，但时有意外，酿成悲剧，蔡襄不忍卒睹，遂作《戒弄潮文》，规定不论军人百姓敢有下水弄潮者，必将依法处罚。

蔡襄委曲求全的举止言行，多少化解了英宗心中的猜疑。治平二年（1065年）十一月二十三日，朝廷在都城南郊举行祭天仪式，按古制礼毕大赦天下，犒劳有功之臣。在赏赐功臣时，英宗并没有忘记蔡襄。蔡襄在《谢加勋表》里说：“今月二十六日，进奏院递到敕牒（敕令文书）各一道，以南郊礼毕加臣护军，食邑五百户者。”

宋朝，食邑作为一种赐予宗室和高级官员的荣誉性加衔，食邑者只按封赠户数，每户每月给钱二十五文计算，随月俸向官府终生领取，没有世袭的规定。

宋神宗前，爵位分十二等，为王、嗣王、郡王、国公、郡公、开国公、开国郡公、开国县公、开国侯、开国伯、开国子、开国男。前六级只赐予宗室皇亲，第七级开国郡公须经皇帝特令，方可授予现任或前任宰相，食邑万户。只有后五级，才能授予卿监即中央机构各部委主官以上的亲近重臣。封公食邑二千户、封侯食邑一千户、封伯食邑七百户、封子食邑五百户、封男食邑三百户。

蔡襄食邑五百户，爵位排列末二位。然而，在勋级列表中却位居前列。宋代十二勋级列表顺序是：上柱国、柱国、上护军、护军、上轻骑都尉、轻骑都尉、上骑都尉、骑都尉、骁骑尉、飞骑尉、云骑尉、武骑尉。护军在唐宋既是武官的职称，又是勋官的级别。蔡襄授勋护军位居第四级，视为从二品。为什么蔡襄在爵位和勋级上面会出现如此大的差距？大概是因为封爵更注重职位的高低，有一条杠杆，这就是文官须是卿监以上方可封爵，卿监以下就没有资格。当时蔡襄已经离开中央卿监的职位，转到地方州郡为官，能够列入封爵名单，虽说是末二位，已经是很受照顾了。而勋级就不同了，它不受职位高低的限制，主要是看功劳和业绩，有功者赏，不论文武京官、幕职县官，乃至边防戍官和士兵，都可授勋。蔡襄曾任三司使，没有功劳也有苦劳；后任杭州知州，任劳任怨；而且他在朝堂的口碑很好，评价很高。所有这些，不能不使得英宗改变对蔡襄的看法，遂有离京才半年即有授勋晋爵之举。

治平三年（1066年）五月，朝廷提前诏命蔡襄为南京留守兼应天知府。按常规，地方官一任三年，而蔡襄知杭州才一年朝廷就给他颁发新调令，而且是由知州升任知府。虽说州府是同级，但派往知府者一般都是较重要的官员，况且应天府不是一般的府，而是四大京府之一。京府的府尹须由历任待制、学士一类有带职的官员充任。蔡襄的此次任命，是双重任命，一是南京留守，二是兼知应天府。按规定：应天府尹以下掌同开封府，尹缺则置知府事一人，以郎中以上充任，官阶二品。留守位在知府之上，通常是以卸任将相大臣出任。

第二节　南都任前身先死

虽说蔡襄获得了南京留守的新授命，但他只能在杭州任上苦苦等待，迟迟未能上新任。从他给同榜进士元绛的信中可以看出他对新任是期许的。

但天不遂人愿，直到十月份母亲病逝，都还没有接到上任的通知。按丧礼制，蔡襄应停止所有官场活动，待守孝三年期满后方可恢复。

蔡襄是个有名的孝子，自从父亲去世后，蔡襄就把母亲带在身边，数十年如一日，几上几下从不离散。蔡襄事亲至孝，总是把母亲的亡故归咎于自己，把自己的美德归于母亲。他在写给欧阳修的一封书信里说：孤子蔡襄泣血言，我罪恶深重，自己不死，却延祸给母亲；母亲在乡里是出了名的孝顺媳妇，对子女的节俭朴素要求也很严格。子女之所以能甘守贫苦自力，做官不敢犯过错，都是母亲教育和训导的结果。

母亲病逝，蔡襄写信给好友欧阳修，请他为母亲撰写墓志铭。十一月初，蔡襄扶柩南归，十二月二十八日抵莆田，收到欧阳修撰写的《长安郡太君卢氏夫人墓志铭》，然后在家为母亲举丧，并将母亲与先父合葬于仙游慈孝里半井冈。

天之理不可推，人之事不可期。第二年夏，年仅27岁的次子蔡旬也突然死去，噩耗传来，给蔡襄以致命的打击。他在《祭八廷评文》（蔡旬在同祖兄弟中排行第八，生前授官朝廷大理评事，故称“八廷评”）中说：“情莫若父子之亲，痛莫若死生之别。情深痛重，肠胃分裂。”此后蔡襄就一病不起，在送走儿子后的不多日子里，蔡襄的心脏也停止了跳动。治平四年（1067年）八月十六日，蔡襄病逝在家，享年56岁。

蔡襄辞世后，欧阳修为其撰写了名垂千古的《端明殿学士蔡公墓志铭》，并派专使到莆田蔡宅吊唁并哀读祭文。欧阳修的墓志铭对蔡襄的一生给予很高的评价：

> 谁谓闽远，而多奇产。产非物宝，惟士之贤。嶷嶷蔡公，其人杰然。奋躬当朝，谠言正色。出入左右，弥缝补阙。间归于闽，有政在人。食不畏蛊，丧不忧贫。疾者有医，学者有师。问谁使然，孰不公思。有高其坟，有拱其木（即墓牌）。凡闽之人，过者必肃。

欧阳修的《祭蔡端明文》则大呼不幸：

> 母夫人丧犹在殡，而公已卧病于苫块之间，而爱子长而贤者，遽又卒于其前。遂以奄然（即突然）而瞑目，一孤藐然，以为二丧之主。呜呼！又何其不幸也？此行路之人闻之，皆为之出涕，况于亲戚朋友乎！况如修者，与公之游最久，而相知之最深者乎！

熙宁元年（1068年）秋，蔡襄葬于莆田华亭西许将军山。

第三节　赐谥忠惠

我们说，蔡襄的故事是以悲剧结尾，是指神宗抱残守缺，坚持不给蔡襄赐谥号，铸就百年冤案。

蔡襄病逝，报丧朝廷，朝野震动。欧阳修说：“襄既卒，翰林学士王珪等十余人列言公贤，其亡可惜。天子新即位，未及识公而闻其名久也，为之恻然，特赠吏部侍郎，官其子旻为秘书省正字（掌校对典籍，刊正文字，秩从九品），孙传及弟之子均皆守将作监主簿，而优以赙恤（以荫补官职体恤丧事）。以旻尚幼，命守吏助给其丧事。”尽管朝廷给予诸多的抚恤，就是不肯赐谥。

人们常说的一句话，叫做“生不逢时”，而蔡襄则是“死不逢时”，死在英宗之后。蔡襄的不幸不仅在其生前，而且还在其死后。治平四年（1067年）一月二十五日，英宗驾崩，神宗继位，同年八月十六日蔡襄病故。要是英宗还在世，绝不会不给蔡襄一个谥号，也不会把代表蔡襄三品以上的现任“端明殿学士”“护军”勋号，曾任翰林学士、“三司使”，待任“南京留守兼应天知府”等官品统统摘去，只留下一个差遣“吏部侍郎”的空头衔。

在宋朝，谥号不是可有可无的。“谥者，行之迹也；号者，功之表也”。帝王之谥，由礼官议上；臣下之谥，由朝廷赐予。在封建社会，具有一定地位的人死后都要盖棺论定，按其生前的业绩给予一个相应溢美的谥号，以慰死者在天之灵，以宽活人悼念心怀。可是，神宗固执己见不给蔡襄谥号。父亲（英宗）早已尽释前嫌，儿子（神宗）却死抱不放。欧阳修只能美其名曰：“未及识公而闻其名久也。”欧阳修是很聪明的人，他这样表述，既合乎事实又不得罪当朝皇帝，是可以理解的。

欧阳修说“天子新即位，未及识公”或许是事实，神宗是治平四年（1067年）一月即位，时年20岁。蔡襄卒于同年八月，又远在福建老家。治平三年十月，即神宗继位前三个月，他就扶柩回家为母亲守孝。所以，神宗可能是真的还来不及认识蔡襄，当

蔡襄陵园

然也就不理解“翰林学士王珪等十余人列言公贤”；相反，在他的记忆里对蔡襄的认知，还是停留在即位前很久的岁月里，脑子里残留的都是所谓反对立其父亲英宗为皇太子的传闻。因此，不给蔡襄赐谥，是合乎皇家的道统观念，也就不足为怪了。

百有十年后，蔡襄的裔孙户部尚书蔡洸诉状，要求为其先祖蔡襄赐谥。此时已经是南宋淳熙三年（1176年），南宋第二位皇帝孝宗（赵昚）继位后五年。据《园中蔡谱·淳熙议谥》记载：这年四月初八日，蔡洸向朝廷上状说，先祖蔡襄以进士甲科受知仁宗，历事仁宗和英宗两朝，始终如一，享受三品以上的待遇，其家属以行状（死者的生平履历）报请朝廷赐谥。

蔡洸说，曾祖蔡襄曾任三司使，以本朝官制考察之，其官位仅次于执政，待遇则与执政相同，符合请谥的条件。

朝廷接受蔡洸的上状，并让掌管礼乐仪制的太常寺议谥。

太常寺奉诏受理蔡洸提供的行状，认真严肃查对有关典籍，研究蔡襄是否符合赐谥的要求。太常寺认为，根据有关典籍规定，正三品以上官员，是符合受谥的。但检索《国朝会要》（1044—1236），并没有查到有三司使得谥者，是否给蔡襄赐谥，还请朝廷详酌。

朝廷复文说，根据已经下达的圣旨，给蔡襄赐谥是皇帝定了的事，提交太常寺议谥，不是该不该给蔡襄赐谥，而是该赐什么谥。于是，太常寺反复斟酌蔡襄的生平业绩，认定他是位忠君爱民的大贤臣。最后，负责议定王公以下追谥职责的太常博士章谦说，蔡襄是贤臣，谥议可得也。谨按谥法，廉公方正曰忠，遗爱在民曰惠，请以为公谥。太常承诏，谥公忠惠。忠之实曰廉公方正，惠之实曰遗爱在民。公之贤，其名节在朝廷，其之迹在邦国。

蔡襄的谥号颁布后，朝廷着令必须按照三品重臣重新厚葬蔡襄公。蔡襄后裔在蔡襄的第一故居附近的仙游枫亭铺头，即现在的蔡襄陵园所在地，重新修建蔡襄墓，重新安葬；在莆田城南，把蔡襄的第二故居，辟为“忠惠”祠堂，供后人缅怀祭拜，以慰蔡襄在天之灵。

亭亭物表，足以愧悠悠风尘之士；凛凛生气，岂不贤淹淹泉下之人！

延伸阅读

1. 陈庆元等. 蔡襄全集. 福州：福建人民出版社，1999.

2. 蒋维锬. 蔡襄年谱. 厦门：厦门大学出版社，2000.

3.（宋）陈均. 皇朝编年纲目备要. 北京：中华书局出版社，2006.

4.（元）脱脱. 宋史. 北京：中华书局出版社，1977.

5.（清）毕沅. 续资治通鉴. 长沙：岳麓书社，2008.

6. 孔令纪等. 中国历代官制. 济南：齐鲁书社，1993.

7. 徐连达. 中国官制大辞典. 上海：上海大学出版社，2010.

8. 蔡金发. 蔡襄及其家世. 福州：福建人民出版社，1990.

9. 吴以宁. 古今中外论蔡襄. 上海：三联书店上海分店出版社，1988.

10. 林贻瑞. 蔡襄学术学术思想及其当代价值. 长春：吉林人民出版社，2003.

11. 蔡庆发. 蔡襄评传. 北京：中国文联出版社，2001.

后　记

福建，山海相拥，人杰地灵，人文荟萃，英才辈出，产生了许多伟大的思想家、文学家、教育家、科学家和民族英雄、爱国先驱、革命将士、时代楷模。他们的教育成长、道德品行和思想文章，是福建的宝贵精神财富，教育和激励着一代代福建人努力学习、奋勇前行。福建省社会科学界联合会组织编写的“福建历史文化名人丛书”，以福建历史名人为题材，古今结合，意在从高处着眼、从基础着手，普及人文社会科学知识，促进人文道德养成，使社会科学知识走进大众、走进生活、走进现实，让更多的人了解福建历史名人，弘扬优秀传统文化，增强福建文化影响力和感染力，为建设文化强省添砖加瓦。

“福建历史文化名人丛书”（第二辑）所包含的李贽、宋慈、郑樵、柳永、黄榦、蔡襄、辜鸿铭、林觉民、沈葆桢、陈宝琛10个人物故事，记录了福建文化之于中国历史的影响，同时也以人物史的叙述方式生动地展现出中国人文精神的风骨和传统文化的传承。人物篇以人物生平为线索，在故事中体现传主的学问、事功、道德，凸显他们在中华文明进程中的重要作用，深入挖掘和阐发其内在精神，从而激起读者爱国爱乡的强烈情感，使之成为涵养社会主义核心价值观的重要源泉。

这套丛书以广大群众为读者对象，尤其是各年龄段的学生群体以及受过中等教育的读者，他们对这些历史名人的认知，大多来源于历史课本、乡土教材、文化景点和博物馆，很难形成具体、深入、系统的认识。丛书深入浅出，雅俗共赏，通过一个个生动精彩的故事带领读者走进福建历史，走入人文社会科学的知识殿堂，融故事性、知识性、趣味性、可读性于一体，对提升大众的阅读水平，普及社会科学知识、提高人文社会科学文化素养和思想道德素质有着积极的作用。

福建省社科联党组书记、副主席冯潮华对编撰出版工作提出明确要求，给予大力支持。省社科联党组成员、副主席缪建萍亲自指导本书的策划和编写。省社科联从事社科普及工作的缪旭明、杨文飞、林彤、李培娟等具体组织实施本丛书的编撰出版工作。

刘小新、林国平、刘传标等专家学者对丛书写作大纲和书稿进行了认真审读，并提出了许多很好的意见和建议，在此表示感谢！

由于编撰出版时间紧，经验和水平有限，疏漏在所难免，敬请广大读者批评指正。

编委会

2017年2月